「続けられる人」の習慣、ぜんぶ集めました。

吉井雅之［監修］
ホームライフ取材班［編］

青春新書
PLAYBOOKS

「続けられる人」になって、今日から人生を変えよう！

健康のためにウォーキングをはじめた。引き締まった体にしようとジムに入会した。やせようとダイエットを決意した。資格取得を目指して学ぼうと思った。しかし、あれもこれも、すぐに飽きたりイヤになったりする人は多い。

その一方で、いったんはじめたら、目標を達成するまであきらめない人がいる。何かを「続けられる人」は、「続けられない人」とどこがどう違うのか？

本書では、両者の違いは日ごろの習慣にあると突き止めた。それなら「続けられない人」は、「続ける人」の習慣を真似ることで、未来が大きく変わるのではないか。

そこで、スタート早々の挫折を防ぐ「はじめ方」、長く続けられる「行動」の仕方、ストレスをためない「考え方」などを考察。「勉強」「お金」「ダイエット」「運動」「健康」といった項目ごとに、長く続けるための133に及ぶコツを大集合させた。

これらを実践すれば、誰でも何かをはじめたら長く続けられ、目標を達成できるようになるはず。あなたの人生が上向くためのきっかけになれば幸いだ。

1章 続けられる人の「はじめ方」の習慣、ぜんぶ集めました。

2章 続けられる人の「行動」の習慣、ぜんぶ集めました。

3章 続けられる人の「考え方」の習慣、ぜんぶ集めました。

4章 続けられる人の「毎日」の習慣、ぜんぶ集めました。

5章 ⬇ 続けられる人の「勉強」の習慣、ぜんぶ集めました。

6章 ➡ 続けられる人の「お金」の習慣、ぜんぶ集めました。

7章

続けられる人の「健康」の習慣、ぜんぶ集めました。

8章 ➡ 続けられる人の「ダイエット」の習慣、ぜんぶ集めました。

9章 続けられる人の「運動」の習慣、ぜんぶ集めました。

10章 ⬇ 「続けられない人」の習慣、ぜんぶ集めました。

《本文デザイン》青木佐和子
《編集協力》編集工房リテラ（田中浩之）

1章

続けられる人の「はじめ方」の習慣、ぜんぶ集めました。

勉強は1日1問、腹筋は1回、
読書は本を開くだけ。
すぐにあきらめたり、
イヤになったりしない人は、
ごく簡単なことからはじめる。

無理なく長く続けられる人が「チャレンジ精神」より大切にしているのは？

腕立て伏せと腹筋を毎日50回やる！　1か月で10kgやせる！　何かをはじめようとするとき、いきなりハードルを上げる人がいる。

そのチャレンジ精神は素晴らしいが、多くの場合、ほどなく挫折してしまう。最初からハードなことをこなすのは難しく、数日で息切れして、「だめだったか……」と肩を落とす羽目になるだろう。

習慣づけるには最初が肝心。何かを長く続けられる人は、やりはじめのころは難易度の高さを求めない。無理なくできる簡単なことからはじめるものだ。

ハードルを低く設定すれば、開始早々に脱落する可能性がぐっと低くなる。まずは「自分はできる」という自信を積み重ねていくのが大事なのだ。難易度を高めても大丈夫だと思うようになったら、そこでハードルを上げるようにすればいい。

「絶対に続けよう」と力まないで、「とりあえず、はじめよう」と気楽に考える人に学ぶ

何か新しいことをはじめようとするとき、どのような姿勢で取り組むと、長く続けられるのだろうか。

「必ず続けなければ」という強い気持ちこそが大切。こう思う人も多そうだが、その意気込みがあだになって、長続きしないかもしれない。

誰でもこれまでに、何かの習慣化に失敗し、挫折感を味わったことがあるのではないか。自分にプレッシャーをかけると、脳はそうした苦い記憶を思い出す。そうして、続けようと強く思えば思うほど、つらくて苦しい気持ちが増してしまうのだ。

何かを習慣にしようとするときには、もっと気楽に取り組んだほうがいい。息切れしたり、イヤになったりしない人は、「とりあえず、はじめようか」といった楽な気持ちでスタートするものだ。最初からプレッシャーをかけるのはやめておこう。

期限を決めてスタートして、無事にクリアできたら再スタートする

体を引き締めたいから筋トレに励む。健康のために早寝早起きを習慣にする。新しい知識を得るために本を読む。このように新しいことに取り組みはじめたものの、何となくやる気が続かなくなる場合がある。

息切れしてしまう原因のひとつが、いったいいつまで頑張ればいいのか、というモヤモヤした思いだ。とくにゴールが明確でないことを続ける場合、しだいにモチベーションが弱まっていきやすい。

こうした挫折をしないで、上手に長く続けられる人は、はじめるときに期限を区切る。「とりあえず、1か月続けてみよう」などと考えてスタートするのだ。無事に1か月続けられたら、「よくやった」と自分をほめて、次の1か月先に向けて再スタートを切る。こうすれば、長く続けやすいものだ。

ダイエットに成功する人は「月」「週」ではなく、「半年」「1年」の長いスパンで取り組む

ダイエットをする場合、よく見られるのが「ひと月で3kg」「1週間で5kg」といった、「ひと月」「1週間」という比較的短い単位で目標値を決めるやり方だ。

しかし、この方法で行うと、日々の体重の増減が気になりやすい。「よし、今日は0・5kg減った！」と喜ぶ日もあれば、夕食が遅くなった翌日などには「ああ、0・8kg増えてしまった……」などと肩を落とすことも少なくないだろう。

こうして一喜一憂するのは大きなストレス。そのうちイヤになって、体重計に乗るのが負担になり、ダイエットに挫折してしまう。

ダイエットを長く続けられる人は、もっと長い単位で目標を掲げることが多いものだ。「半年で5kg」「1年で10kg」といった長期的なスパンで計画を立てて、日々の多少の増減は気にしない。これが理想の体重に近づけていくコツだ。

運動習慣がまったくない…そんな人は、ランニングシューズを履いて、外に出よ

「簡単なことからはじめる」という習慣化のコツは、もちろん運動でも有効だ。では、ジョギングやランニングをはじめたい場合、何からスタートすればいいだろう。

5分だけ、あるいは1㎞だけ軽く走るという手もあるが、運動習慣のまったくない人の場合、もっとずっと手前の行動からはじめてもいいかもしれない。とりあえず、外に出ることからスタートするのだ。

とはいえ、部屋着のままサンダルを履くのはいけない。ちゃんとトレーニングウェアを着て、ランニングシューズを履いて外に出るようにしよう。「さあ、やるか」という気分になることが大切だ。

久しく運動をしていない人がいきなり走ると、想像以上に走れない自分の現状にガックリし、ほぼ間違いなく挫折する。少しずつ段階を踏みながら前進しよう。

ジョギングが続けられるのは、「疲れたら歩いちゃえ」と思える人だった！

ジョギングやランニングを習慣にしようとしても、長く運動に無縁だった人が、いきなり30分走り続けるのは無理だ。まずは、歩くことからはじめてはどうか。走れそうなら試みて、疲れを感じたらまた歩いたらいい。

走りはじめの時期は「つらい。もうやりたくない」という気にならないように、徐々に体を慣らしていくことが大事だ。

何とか少し走れるようになったら、「毎日20分」といったように、時間を決めて取り組もう。今日は疲れやすいと思ったときには、スロージョギングのようにごくゆっくり走っても、ときには歩いてもかまわない。

速く走ろうとは思わず、つらさを感じないやり方で、とにかく続ける。自分の体力と気力に合ったやり方で、少しずつステップアップしていくことが大切だ。

腕立て伏せは1日1回から!? 毎日1回ずつ増やしていくと、どんどん楽しくなる

筋トレを習慣にしたいけど、なかなか続けることができない。こういった人は、最初から飛ばし過ぎるのではないか。

3か月後にはマッチョな体になってやると、腕立て伏せを1日30回、腹筋を1日50回、スクワットを100回などとハードルを高くして設定。体をプルプル震わせながら頑張ると、翌日はひどい筋肉痛になるのは間違いない。ひどい場合は関節も痛めて、しばらく運動ができなくなる可能性もある。

はじめのうちは、ゆるいトレーニングで全然OK。こう考える人は挫折しにくいものだ。1日1回からはじめて、毎日1回ずつ回数を増やしていくのもいいだろう。ゲーム感覚で取り組みながら、1か月後には30回をクリアする。そのときの喜びは大きく、これからも頑張ろうという意欲が湧き上がってくるはずだ。

筋トレのための「ジム通い」。やめずに続けられる、たったひとつの方法

筋トレをはじめようと思った場合、方向性はふたつ考えられる。自分の体重で負荷をかける腕立て伏せや腹筋、スクワットなどを行うか、トレーニングマシンやダンベルを使って鍛えるか。

マシンなどを使って本格的にはじめたいのなら、ジムに通う必要がある。では、このジムを選んだらいいのか。設備や会費、利用時間、口コミなど、気になる要素がいろいろあるなか、本当に続けたいと思う人は「場所」を決め手にする。

仕事をしているのなら通勤ルート上に、自宅に長くいる場合はできるだけ近くに立地しているジムがいい。日常的に使うルートを外れていたり、わざわざ交通機関を利用して出かけたりしなければならない場合、やがて通うのが億劫になる可能性が高い。初心者ならなおさらなので、できるだけ通いやすいジムを選ぶのが得策だ。

ヨガを続けられる人は床にマットを敷きっぱなしだった⁉

何かを習慣にするときには、取りかかりやすい状態ではじめることが大切だ。わざわざ手間のかかる準備をしたり、遠くまで移動したりする必要があると、続けるのが面倒くさくなってしまう可能性が高い。

では、ヨガをはじめたい人の場合、どうすれば続けやすくなるだろうか。自宅で行うのなら、帰宅したらすぐにはじめられる環境にするのがおすすめだ。

ポイントとなるのはヨガマット。通常は丸めて収納しておくだろうが、帰宅してすぐに行うのが習慣になっている人のなかには、床にそのまま広げている場合がある。ヨガマットの上にトレーニングウェアをたたんで置いておくとなおいい。

こうすると、家に帰ったらすぐに着替えてヨガをはじめられる。とくに自分が無精者だと自覚している人には、大きな効果がある方法だ。

早寝早起きは「寝る時間」ではなく、「起きる時間」から決める！

健康を維持するための基本的な習慣が、早寝早起き。夜更かしすることが多かったり、寝坊しがちだったりする人は、今晩からでも身につけてはどうか。

早寝早起きを習慣にする場合、まずは何時に起きるのかを決めると続けやすい。目指す起床時間を決めたら、毎日、その時間に起きることが大切だ。はじめのうちは、寝つく時間は一定していなくてもかまわない。必ず同じ時間に起きるようにすれば、そのうちベストな睡眠時間と寝つく時間がわかってくるものだ。

何時に寝たらいいのかを把握したら、その手前の行動も決めていく。質の高い睡眠を得られるように、2時間前までに風呂に入る、3時間前までに夕食を終える、といったようにリズムを整えるのだ。こうして起きる時間を起点にし、その手前の行動を決めていけば、無理なく早寝早起きが続けられるようになる。

朝食の習慣をつけるには、ゆで卵1個からはじめてステップアップを

朝食を食べないと、健康に良くないのはいうまでもない。とはいえ朝食抜きの日々が長い人が、いきなり主食・主菜・副菜をそろえて食べるのは、時間や手間などの点からハードルが高い。まずは簡単なことからはじめてみよう。

朝食を習慣にしようとする場合、最初のステップとしておすすめなのがゆで卵だ。数個をまとめてつくって冷蔵庫で保存しておけば、調理する手間は必要ない。卵は脳が働くために必要な栄養素も豊富で、1日のスタートに食べるのにふさわしい食材だ。ほかに乳製品やバナナなども調理が必要なく、短い時間で食べやすい。

朝、何かを食べるのに慣れてきたら、品数を増やしていこう。ごはんに納豆、パンにチーズといった簡単なメニューがいいだろう。こうして少しずつステップアップし、最終的には主食・主菜・副菜のそろった食事を目指そう。

読書の習慣が全然ない人は、「毎日、本を開く」ことからスタート

本を読む習慣のなかった人が、毎日、読書することを目指す。この場合、「週に1冊」「月に5冊」といった目標を立てるのはやめておこう。はじめは読書に慣れないので、早々にクリアできなくてやめてしまいそうだ。

本に無縁だった人たちが秘かに行う、意外な読書のはじめ方を紹介しよう。まずは「毎日、本を開く」という簡単過ぎる習慣からはじめるのだ。開いたあと、読んでも読まなくてもかまわない。とにかく、必ず本を開くことだけは行うようにする。限りなく低いハードルだから、誰にでもできるはずだ。

とりあえず本を開くことが習慣になれば、「1行だけ読む」「1段落だけ読む」ようにする。次の行や段落が気になれば、もちろん続けて読んでもかまわない。こうして本に慣れていくと、だんだん多くの分量を読めるようになるものだ。

勉強は「1日1問」「1日1分」。最初はハードルをぐっと下げておく

中高生や大学生のときは勉強するのが当たり前。しかし、社会人になったら一転し、まったく勉強しない人が多いのではないか。

こうした勉強から遠ざかっている人が、資格取得や趣味のために何かを学ぼうとする際、最初からハードルを高くしたら間違いなく挫折する。

運動や読書など、ほかの習慣づけと同様に、やはり簡単なことからはじめるのが得策だ。続けられる自信がない場合は、「1日1問」からにしてはどうだろう。「教本を1分読む」だけでもいい。とにかくハードルを下げて、続けることを第一にゆるゆると進んでいくようにしよう。

慣れてきたら、「1日5問」「1日5分」といったように、ハードルを少しずつ上げていこう。

「固定費」「食費」「その他」だけ…家計簿の項目は極力少なく

数字の計算や細かい作業はあまり得意ではない。こう自覚している人が家計簿をはじめる場合、ほどなくイヤになる大きな原因が、項目を細かく分けてスタートすることだ。レシートを見ながら、これは何の項目なのかと、いちいち仕分けするのが面倒くさくなり、家計簿をつけるのが苦行になっていく。

とはいえ、細かい作業が苦手にもかかわらず、家計簿を長く続けられている人もいる。そういった人は、支出の項目を極力少なくしているものだ。たとえば、光熱費や保険料などの「固定費」、毎日の「食費」、それ以外の「その他」といった具合。大まかな支出額を知りたいだけなら、分類なしで金額だけをチェックする手もある。

家計簿をつけるとき、最初から複雑なことはやらないほうがいい。まずは、負担の小さな方法からはじめてはどうだろう。

掃除が嫌いだけど習慣にしたい。そんな人は、玄関に掃除機を置きっぱなしにする！

きれいに片づけられ、チリひとつない部屋にいると、それだけで気分がくつろぐ。そこで、掃除嫌いな人が一念発起。毎日、掃除をしようとする場合、何からはじめたらいいだろうか。

掃除嫌いな人は、掃除は「やりたくない」行動として脳にインプットされている。このため、さあ何からはじめようか、などと悠長に構えていたら、「やっぱり面倒なのでやめよう」という思いが湧き上がってくる。

このため掃除を習慣にするには、すぐに行動に移すことが大事となる。たとえば仕事などから帰宅したとき、家に一歩踏み入れたときから掃除をはじめてはどうか。玄関に掃除機を置き、手に取ればすぐにはじめられる状態にしておくのもいいだろう。とにかく、「面倒くさい」と脳が考える前に行動することが重要だ。

2章

続けられる人の「行動」の習慣、ぜんぶ集めました。

やる前にいつものルーティン。
なぜだかときにガッツポーズ！
サボったときには罰ゲーム。
「続けられる人」は
意外な行動を心がけている。

続けられる人は「三日坊主」で終わっても、全然気にしないでリスタートする

何かを続けようとしても、ほんの数日でやめてしまったことはないだろうか。いわゆる「三日坊主」だ。

そのとき、「ダメなやつだ」「本当に根性がない」などと自分を責めたのではないか。しかし、習慣づけようと前向きに考えるのなら、自己嫌悪に陥る必要はないことを知っておこう。

「3日だけで終わった」のは、言い換えれば「3日も続いた」ということだ。1日で終わるよりもずっといい。「よく3日頑張った」と自分をほめてもいいくらいだ。

もちろん、やりはじめたら1回も休まずに、目標を達成するまで長く続けていくのがベストではある。とはいえ、極めて意志が強く、しっかりした目標を持っていない限り、なかなかそううまくはいかない。

長く続かなくても当たり前。何かを気楽に続けられる人は、少しでも実行できたことを、自分の実績として前向きにとらえる。

たとえば、ダイエットを3日でやめたけれど、それで体重を0・5kg落とせた。それなら、1か月続けたら5kgのダイエットに成功できる。このように前向きに考え、「やればできる」という自信にするのだ。

それでまた三日坊主に終わっても、ひと息ついたらまたトライすればいい。ひと月のうちに三日坊主を5回繰り返したら、月の半分は実行していることになる。経験が積み重なるにつれて、自信も大きくなっていくだろう。

三日坊主に終わった場合、なぜそうなったのかを分析すれば、原因を突き止めやすいというメリットもある。たとえばダイエットをやめた場合、前日に飲み会があった、コンビニに寄ってスイーツを買ってしまった、残業で夕食が遅くなった。こうした明らかな理由があった場合、次から改善もできる。

三日坊主で終わっても、決してムダではない。やめることを恐れないで、またチャレンジしよう。

新しいことをすぐに習慣にできる人は、早起きして朝のうちに取りかかる

新しいことを習慣に取り入れるには、1日のうちで、どの時間帯に行うのが効果的なのか。

たとえばストレッチをする場合、①朝起きてベッドの上で、②ランチのあとに公園で、③帰宅して夕食を取る前に、④寝る少し前にリビングで――。以上のなかで、最も習慣にしやすいのはいつだろう。

答えは、①の朝起きてすぐ。この時間帯が適していることは、フランスの大学の研究によって明らかにされている。

実験では参加した48名に対して、15分のストレッチを習慣にするように、朝と夜のふたつの時間帯で行ってもらった。その結果、習慣化するまでにかかった日数に大きな違いが出た。

朝に行ったグループの場合、身につくまでにかかった日数は105日。これに対して、夜に行ったグループでは154日もかかった。時間帯が違うだけで、約1・5倍もの差があったのだ。

これほどの違いが出たのは、コルチゾールの働きによるのではないかと推察されている。コルチゾールの別名は「ストレスホルモン」。その名のように、ストレスを感じたときに分泌されて交感神経を刺激し、活動的になるように促す働きがある。

慢性的なストレスにさらされて、コルチゾールが過剰に分泌されると、自律神経系などが悪影響を受けてしまう。しかし、正常な分泌は、活力を高めて集中力も増すというプラスの方向に働く。

コルチゾールが多く分泌されるのは、朝起きてすぐの時間帯。さあ活動するぞ、と体に喝を入れようとするのだ。このため、朝はほかの時間帯よりも集中力が上がるので、何かを習慣づけようとするのにうってつけということになる。

何かをはじめるのなら、朝に早起きして行うのが最も続けやすい。まさに、「早起きは三文の得」というわけだ。

気が乗らないときにはガッツポーズ！ドーパミンが分泌されてやる気が出る

筋トレや勉強をしようとしても、何だか今日はやる気が出ない。誰にでもこういったときはあるだろう。さまざまな理由でテンションが下がり気味なとき、上手にやる気を湧かせる人は力強くガッツポーズをする。

なぜ、そんなポーズを？と思うだろうか。では、試しに両手をぐっと握って力こぶをつくり、「よっしゃ！」と声を出してみよう。不思議なことに、それだけで何だか気分が前向きになっていく。

じつはガッツポーズをつくると、脳はとてもいいことがあったと判断し、気分を高揚させて幸福感を感じさせる神経伝達物質、ドーパミンをドッと分泌する。その働きによって、一気にやる気が湧いてくるのだ。

今日はちょっとサボりたい……こう感じたときにはガッツポーズを試してみよう。

よくある「言い訳」を紙に書き出すと、サボるときの理由がよくわかる

何かをサボったとき、人は言い訳をしがちだ。筋トレをしなかったときには、「仕事で疲れたから」。勉強を休んだときには、「お酒を飲んでしまったから」。ジョギングをサボったときには、「朝、寒かったから」。

言い訳が多いと、何かを習慣づけようとしてもなかなか身につかない。こうしたタイプだと自覚しているのなら、言い訳をしない人のユニークな習慣を真似てはどうだろう。つい口にしそうな言い訳をリストにしておくのだ。

「疲れたから」「お酒を飲んだから」「天気が悪いから」「寝るのが遅かったから」「仕事が忙しかったから」。よくある言い訳をずらりと書き並べ、1日に1回はチェックして自戒する。意識しているうちに、だんだん口に出さなくなることだろう。言い訳をしなくなるとともに、サボりたい気持ちも自然と薄まっていくものだ。

まずは「やる気スイッチ」をオン！
習慣づけの上手な人はルーティンを欠かさない

スポーツ選手には、自分なりのルーティンを取り入れている人が多い。たとえば、イチロー選手はバッターボックスに入った際、右手を真っすぐに伸ばしてバットを立てるなど、必ず同じポーズを取っていた。

野球選手のほかにも、ラグビー選手がゴールキックを蹴る直前、相撲取りが最後の仕切りに入るときなどには、決まったポーズのルーティンをよく行うものだ。

スポーツ選手が自分なりのルーティンを行うのは、ここぞというときに集中してパフォーマンスを高めるためだ。このことをテーマにした、英国のグラモーガン大学の興味深い研究を紹介しよう。

ラグビーのウェールズ代表で史上最多得点を記録した名キッカー、ニール・ジェンキンス選手のキックを「簡単なキック」「難しいキック」に分けて、それぞれのキック前のルーティンの時間などを調べた。

その結果、やさしいキックのときと比べて、難しいキックのときはルーティンをする時間が29%も長くなっていることがわかった。一層高いパフォーマンスが必要になるので、ルーティンをより入念に行っていたわけだ。

何か習慣にしたいことに取りかかるとき、こうしたスポーツ選手の行動を見習ってみてはどうだろう。「さあ、これからやるぞ！」と、いわば「やる気スイッチ」を強く押すためのきっかけとするのだ。

資格取得に向けた難しい勉強や、強い負荷をかけた筋トレ、フルマラソン出場を目指してのランニングなど、ある程度の〝気合〟が必要なことをする場合、とくに有効かもしれない。

ルーティンから、実際の行動へ。この流れを繰り返し行っているうちに、ルーティンを行うだけで自然とやる気が湧き上がるようになる。ただし、面倒だからとルーティンを抜くと、妙に調子が出ないということもあり得る。いったん習慣に取り入れたら、必ず行うようにしよう。

「こづかいを減らす！」「腕立てを100回！」続けるための裏ワザは、サボった日のペナルティ

運動や勉強など、続けようとしていることに取りかかろうとしても、何だか気が乗らない、面倒くさい。まあ、今日はやめておこうか、とサボってしまう。あるいは、仕事でトラブルがあって帰宅が遅くなり、いつもの習慣をつい忘れてしまった。

こういったことがあったとき、繰り返さないように気をつける人は、自分に対してペナルティを課す。

1回サボると、来月のこづかいを5000円減らす。ひとつ手前の駅で降りて家まで歩く。3日間、禁酒する。好物の麺類を1週間食べてはいけない。腕立て伏せを合計100回行う。

こんなことはもうやりたくない、と思うようなきついペナルティにするのがコツだ。自分に効果の高い「罰ゲーム」は何なのか、よく考えてみよう。

長く続けられる人は、身近な人に「ときどき励まして」とお願いする

新しい習慣を身につける場合、ひとりで頑張るよりも、身近な人に協力してもらうほうが成功しやすい。実際、何かを長く続けている人は、家族などからサポートを受けていることがよくある。

英国リーズ大学の研究を見れば、親しい人の協力が大切だと理解できる。ひとりで運動習慣をつけようとした人と、パートナーに励ましてもらいながら取り組んだ人を比較すると、後者のほうが習慣がしっかりと身につくことがわかったのだ。

この研究で興味深いのは、運動につき合ってもらったのではなく、ただ励ましてもらっただけということだ。「明日からいっしょに運動をして」と持ちかけるのは相手に悪いが、「ときどき、頑張れって励まして」とお願いするのはそう難しくはないだろう。もちろん、励ましてくれたときには、感謝の気持ちを伝えよう。

続けたい目標を紙に書き、目につくところに貼っておくと意欲が続く

「これを習慣にしよう」とはじめたものの、しだいに意欲が薄れていって、ときどきサボるようになる。そして、最初の意気込みはどこへやら。とうとう挫折してしまって、「ああ、だめだった……」と肩を落とす。

そういった失敗をしないように、続けられる人は最初からある行動を取る。やりたいことと目指す目標を紙に書き出して、目につくところに貼っておくのだ。机や玄関、洗面所の鏡、トイレのドア、職場のデスク、ロッカーのなかなど、必ず目につく場所ならどこでもかまわない。

メモ用紙に書いて、カバンや財布のなかに入れておいたり、手帳にはさんでおいたりするのもいいアイデアだ。

ただし、紙に書き出しただけで満足し、それで終わりにしてはいけない。1日に最

低1回は必ず見るようにして、自分が何を目標にして、何を続けようとしているのかをしっかり確認しよう。

紙を見ながら、声に出して読むのもおすすめだ。口にした言葉を耳で聞き、脳が理解して記憶することにより、「さあ、今日もやろう」という気持ちになる。

目標を達成したときの状況を、頭のなかで思い描くことも大切だ。

たとえば、ダイエットを続けようとしている場合、1年後には体重をいまよりも10kg落として、流行りのスーツが似合う体型になり、すれ違う人からチラチラ見られる様子をイメージしてはどうか。

資格取得に向けて勉強をするのなら、見事に難関を突破して合格することを想像する。さらに、それがきっかけで昇進して給料が倍増し、家族が大喜びするシーンまで頭に描いてみよう。

目標を達成したときのことを想像すると、それだけで何となくワクワクした気持ちになる。そのうれしさがエネルギーとなって、一層、目標に向かって動き出そうとする意欲が湧いてくるはずだ。

同じ目的を持つ仲間がいる人は、挫折しないで楽しく続けられる

中高生のとき、部活の練習はとてもきつかったけど、仲間がいたから続けられた。こういった思い出のある人は少なくないだろう。

大人になって、何かを習慣にするときも同じ。ともに励む仲間がいる人は、どのようなことでも長く続けられるものだ。

米国ウエストチェスター大学の研究によると、ジム通いをはじめるとき、仲間をつくって取り組むようにしたところ、通う日数がそれまでの約3倍に増えたという。何かを習慣化したいとき、仲間づくりをするのはとても有効な方法なのだ。

励まし合ったり、教え合ったり、競い合ったりと、仲間がいると楽しくなって、長く続けやすくなる。ただし、飽きっぽい人、我慢強くない人などとは仲間にならないようにしよう。マイナスの方向に引きずられて、逆に続けられなくなってしまう。

3章

続けられる人の「考え方」の習慣、ぜんぶ集めました。

何のために頑張るのか？
なぜ、イヤにならないのか？
「続けられない人」は、
「続けられる人」の考え方に
よく学んでみよう。

「何のために頑張るのか」。長く続けられる人は、そこが明確になっている

何かを続けられている人は、頑張って取り組む意味がわかっている。何のために行うのか、自分のなかで結論が出ているのだ。

筋トレを続けるのは、Tシャツの似合うカッコいい体を手に入れるため。勉強するのは、目指す資格を取得するため。英語を学ぶのは、字幕なしで外国の映画を楽しむため。こうした明確な目的や目標があるのなら、ときには苦しくても続けられる。

一方、何となくカッコいいから筋トレをする。近所にジムがオープンしたから、とりあえず通ってみる。このような場合、長続きしないことが多い。

いまひとつ乗り気になれないのなら、何のために行うのかと、改めて自分に問いかけてみてはどうだろう。とくに明確な目的や目標を思いつかないのなら、ほかのことをやったほうがいいかもしれない。

たとえ気が進まないことでも、発想を転換して「楽しさ」を見つけ出す

トレーニングするのは苦しいだけ、と思う人は運動をはじめても続かない。食べたいものを食べられないのは我慢できない、と感じる人はダイエットに挫折する。

無理なく続けていくには、脳が「楽しい」と感じる必要がある。脳に「楽しくない」と感じさせないことが、習慣として定着させるのに欠かせないのだ。

つらいことはやらないほうがいい、というわけではない。少々、気が進まなくても、健康上などの理由から運動やダイエットが必要なときもあるだろう。このような場合、何らかの楽しさを見い出すように努力することが大切だ。

そこで、発想を転換してみよう。運動を続けたら、カッコいい体を手に入れられる。ダイエットに成功したら、タンスに眠っている大好きなスーツをまた着られる。こうした楽しい未来が待っていると考えれば、続ける気持ちが湧いてくるものだ。

長く続けても飽きない人は、記録をチェックして達成感を味わっている

毎回、同じような行動を繰り返すだけでは、そのうちに中だるみがやってくる。そして意欲が薄まって、せっかく続けていたことをやめてしまう。

こうした失敗をしない人は、習慣づけている行動を数値で記録し、見るたびに達成感を味わうようにする。

たとえば筋トレの場合、毎回、トレーニングマシンごとの重さや回数などを記録し、筋力がアップしていることを確認してにんまりする。勉強なら毎回解いた問題数を記録しておくと、もうこんなにクリアしたのかと満足できる。ダイエットの場合は、毎日の体重をグラフにすると、効果が上がっていることが一目瞭然だ。

記録を見るたびに、「さあ、やろう」という意欲が湧き上がってくる。途中で飽きないために、ぜひ実行したいひと手間だ。

「やめグセ」がつくと、続けられなくなる！ まずは、簡単にできることで成功体験を

ダイエットしようと食事制限をはじめたものの、半月もたたないうちにあきらめてしまった。それから1か月後、毎日早起きしてウォーキングに取り組んだが、ほどなく挫折して、これも習慣づけることができなかった。

こういった人には、いわば「やめグセ」がついている。失敗した体験が数多くあるので、「また今度もダメか」とすぐにあきらめて挫折してしまうのだ。

一方、習慣化の上手な人は、「自分は続けられる」という成功体験を持っている。やめグセのついている人も、何かひとつでも長く続けてみてはどうだろう。1日1回ゴミを拾う、玄関で靴をそろえるなど、誰でもできる簡単なことでいい。

成功体験を得られたら、別の何かをはじめた場合も、自信をもって取り組める。まずは、確かな成功を手にすることからはじめよう。

「この曜日はやらない」「週1回は休む」など、続けるために〝ゆるいルール〟を決めている

何かを習慣づけようとするとき、頑張ったけれども息切れし、やがて挫折してしまった。あるいは、それなりに長く続けてはきたが、だんだんマンネリ化してきて、やる気がなくなった。誰にでも、こういった経験があるのではないか。

なぜ続けられなくなったかといえば、前者は頑張り過ぎて疲れてしまったから。後者の場合は、変化がないことに飽きてしまったのだろう。

無理をしないで、マンネリ化も防ぐ人は、ときどき休んで肩の力を抜くのがうまい。「月曜と木曜は休む」「週末はやらない」などと事前に決めて、メリハリをつける人もいる。また、気が乗らない日は無理をしないで、読書なら1ページだけ読む、腕立て伏せは5回だけ、といったようにハードルを下げるのもいいアイデアだ。

長く続けるには、ときには少し休んだり、手を抜いたりすることも大切だ。

完璧主義なのに続けられる人は、ときどき「まあ、いいか」と言っている

常に完璧を求める人は、何かを習慣化しようとするときも、妥協したくないものだ。このため、仕事が忙しくて取り組む時間が取れなかったり、不安や悩みごとから気が乗らなくてできなかったりしたとき、自分を責めてしまう傾向にある。

失敗したことを反省し、次に活かそうとするのならいいが、「だめだったか……」とただ落ち込むのはムダでしかない。モチベーションが下がって、再び取りかかるのがイヤになることもあるだろう。

何かを長く続けられる人は、良い意味で〝ちゃらんぽらん〟なところがあるものだ。完璧主義だと自覚している場合、ちょっとゆるめの思考に変えていくことをおすすめする。ときどき「まあ、いいか」と口にしてみよう。その言葉を聞くたびに、脳が「それでもいいのか」と思い、ガチガチに固かった思考がゆるんでいきそうだ。

絶好調なら「1時間以上」、絶不調なら「1分だけ」。1日のノルマに幅を持たせておく

「毎日、8000歩以上歩く」というルールを決めて、必ずクリアしようとすごく頑張る。長く続けられるのはこういったタイプだと思うかもしれないが、じつは違う。これでは自分に厳し過ぎて、息切れしてしまうだろう。

上手に続けられる人は、「8000歩以上歩く」は「最高のノルマ」で、それに加えて、「1日1回は外に出る」といった「最低のノルマ」を自分に課す。体調が良くて気分が乗り、時間も取れたら「最高」を目指し、心身の調子がいまひとつで、忙しくて時間が取れない場合は「最低」でもいいと思うのだ。

筋トレなら最高は「ジムで1時間以上」、最低が「スクワット5回」。読書なら「1章分以上」と「本を開いてひと段落」などのノルマを設定しておく。こうしておけば、体調や忙しさによって柔軟に対応でき、長く続けられるものだ。

「失敗した」と落ち込まないで、「いい経験をした」と前向きに思う人はあきらめない

何かを長く続けられず、すぐにあきらめてしまう人は、苦しいときに気分を切り替えるのが下手だ。一方、無理なく続けられる人は、ダメだった場合に「失敗した」とは思わず、すぐに次の一歩を踏み出すものだ。

典型的なのが、発明王として知られるトーマス・エジソンで、「私は決して失望しない。なぜなら、どんな失敗も新たな一歩となるからだ」という言葉を残した。電球を発明するまでには、約2000回にも及ぶ失敗と試行錯誤があった。しかし、エジソンはあきらめずに何度も挑戦を続け、ついに成功を手にすることができた。

「失敗した」と思わなければ、それは失敗ではない。難しい資格取得に向けて、問題集を解きながら不正解を重ねても、「経験を積み重ねている」と前向きに思う人が続けられる。自分に失望しないで、あきらめないことが肝心だ。

何ごとも長く続けられる人は、細かいことは考えずに、とりあえず試してみる

新しいことに取り組もうとする場合、じっくり考えてからでなければ動こうとしない人がいる。「ちょっと難しそう」「意味があるのか」「失敗するかもしれない」などと熟考した結果、「やめておこうか」と行動しないケースも少なくない。

長く続けられる人は、こうした消極的な姿勢を「もったいない」と感じる。「やりたいな」と思ったら、とりあえず試してみたほうが楽しく、生きていくうえでの経験値も上がっていくと考えるからだ。

前向きに行動してみると、良いか悪いかは別にして、何らかの結果が出る。その結果を検証し、次の一歩につなげていったらいい。

細かいことは考えないですぐに実行し、経験値を重ねながら、少しずつ前に進んでいってはどうだろう。

続けるのはちょっと難しそう…こう思ったら、あっさりハードルを下げる

運動や勉強、ダイエットなど、どういった習慣づけでも、はじめるときにはハードルを低くしておくのが鉄則だ。最初からレベルの高いことを自分に求めたら、ほぼ間違いなく挫折してしまう。

この考え方は、何かを続けている途中でも使える。習慣化するのが上手な人は、意識しないでも実行していることだ。

たとえば、ウォーキングを毎日30分行おうとスタートしたけれど、仕事が忙しいときには難しいことがわかった。こうした場合、「5分でもOK」「疲れた日には休むのもあり」とハードルを下げる。あるいは、ダイエットで当初に決めた「月に5kg」の体重減少がきつかったら、「月に3kg」に設定し直してもいいだろう。

無理のないように、フレキシブルにルールづくりをすることが大切だ。

続けるうえで、障害になるコトも想定。するとに不思議なことに…続けられる！

何か新しいことをはじめようとする際、その先にはうれしい成功が待っている、と誰でも考えるものだろう。

資格取得に向けた勉強をはじめる場合は、見事に合格する。英会話を学ぶのなら、外国人とスムーズに会話ができるようになる。ダイエットに取り組んだら、ぐんぐん体重が落ちて理想とする体型になれる。筋トレを頑張れば、たくましい二の腕と分厚い胸板が手に入る。

このように明るい未来を想像するのは、物事を続けるに当たってとても大事なことだ。ワクワクした未来に向けてこそ、人は頑張っていける。

ただ、ポジティブな未来ばかりではなく、ネガティブな要素も併せて考えておいたほうがいい。やめないで習慣づけられる人なら、よくわかっていることだろう。

米国ニューヨーク大学の研究を知ると、そう思うようになるはずだ。研究は84名の大学生を対象にして、それぞれが最も大事にしている講義に関して、どれほど勉強するのかを調べた。

興味深いのは、対象者の半分には、勉強を進めるうえでの障害となる要素も書き出してもらったことだ。アルバイトが入ったら時間が取れなくなる、急に友人から遊びに誘われる、といった内容だ。一方、対象者のもう半分には、そういったことは考えないで、勉強に取り組んでもらうようにした。

その1週間後、両グループの勉強時間を調べたところ、勉強の障害になる要素を考えたグループは平均45・93時間だったのに対して、考えなかったグループは18・15時間と、2倍以上もの大きな差が出た。

勉強の妨げになる要素も想定しておくと、できるときには一層勉強しておこうという姿勢になったのではないか。

この研究を参考にして、「急な残業があったら」「断れない飲み会が発生したら」といった障害を頭に入れておき、モチベーションを高めてみてはどうか。

義務感でしぶしぶ…ではなく、ゲーム感覚で楽しみながら行うから続く

物事を続けようとするとき、イヤイヤ行うのと、楽しいから向き合うのとでは雲泥の差。無理なく続けられるのは、ワクワクしながら取り組む人だ。やっても面白くなければ、長く続けることはなかなかできない。

習慣化するのが得意な人は、決めたことだからやらなくてはいけない、とは考えない。毎日、ゲーム感覚で楽しみながら取り組んでいるものだ。

たとえば、やろうと決めていることをクリアしたら、カレンダーや手帳の日付に丸印をつけ、可視化して充実感を得る。あるいは、走った距離をチェックし、「今日は約5㎞だったから皇居を1周した」と換算して楽しむ、といったようなことだ。

ゲームをクリアしたときのような達成感を覚えると、モチベーションが一層アップする。いろいろな工夫をして楽しんでみよう。

「あいつより下手」ではなく、「ひと月前の自分より上手」。比べる対象は、過去の自分！

ダイエットに取り組んで、それなりに体重は減ってきたが、職場の同僚と比べたら全然スマートじゃない……。英語の勉強を1年続けて、上達してきたとは思うけれども、英会話が得意なあの後輩と比べたらまるでダメ……。

何かを頑張って続けていても、つい他人と比較して落ち込んでしまう人がいる。目標に向かって着実に進んでいける人は、こういったムダなことはしないものだ。

比較するのであれば、その対象は他人ではなく、過去の自分だ。3か月前と比べると、体重が5kgも減っている。1年前の英会話能力からすると、考えられないほど上達している。

こう比較すると、確実に一歩、二歩進んでいるのが実感できる。意欲が高まって、これからも頑張ろうという気になるはずだ。

「なぜできないのか?」ではなく、「どうすればできるのか?」と考える

何かを続けようとしても、うまくできなかったり、サボったりすることがときにはあるだろう。そういった場合、「なぜ、できないのか? やりたくならないのか?」と考える人がいる。

上手に続けられる人の思考回路は違う。できなかった理由ではなく、「どうしたらできるのか?」と前向きに考えるものだ。たとえば、ダイエットをしても体重が思うように減らない場合、「残業が多いから」「飲み会に誘われるから」などと言い訳っぽい理由にたどりつきやすい。それでは何かを続けて、自分を変えるのは難しい。

もっと建設的に、「仕事のやり方を改善して残業を減らそう」「誘われても2回に1回は断ろう」などと考えるほうがずっといい。もう一歩進めて、何も問題がないときも、「もっと良くするには?」と考えるクセをつけたいものだ。

習慣づけるのが上手な人は、「1週間続けたからスゴイ!」と自分をほめる

毎日やって、もう半月。それなのに、成果が全然見えない。このように落胆して、習慣にするのをあきらめる人がいる。

しかし、何事も少々続けたからといって、目に見えるような結果が出ないのは当たり前。長く続けられる人は、短い期間での成果は求めないものだ。もともと、そうした心構えでいるからこそ、簡単にはあきらめないともいえる。

たとえばダイエットが効果を発揮し、順調に体重が減っていくまでには少々時間がかかる。わずか数日で一気に成果が現れたら、食事制限がきつすぎるはずだ。英語の勉強をする場合も、すぐにペラペラ話せるようになるわけがない。

なかなか結果が出なくても、「それでも続けられている自分はえらい!」とほめてみてはどうだろう。

「頑張ってるね」「すごい」「成果が出てきたね」身近な人にほめられると、明日もやろうと思える

「歌が上手だね」と親にほめられた子どもは、エンドレスで歌いまくる。「字がきれいになったね」と先生にほめられた小学生は、もっと丁寧に字を書こうとする。

ほめられてその気になるのは、大人も同じ。何かを続けるのが上手な人は、身近な人を巻き込んで、ほめてもらえるように仕向けることがある。

わかりやすい仕組みとしては、「これをやったら、自分をほめてほしい」と事前にお願いしておくことだ。ちょっと図々しい依頼だから、家族などのごく身近な人を対象にするのがいいだろう。

また、「ダイエットをはじめて1か月たったけど、どう?」「筋トレの成果が出てきたみたい。ほら、この力こぶ」などと、肯定的な答えをもらえるように問いかける手もある。ほめられるたびに、やる気がぐんと増すのを実感できるはずだ。

SNSでやっていることを報告し、激励の返信をもらってやる気を出す

自分にちょっとプレッシャーをかけて、もうあとには引けないようにしたい。こう考えて何かを続けようとする人は、SNSをうまく使う。

「今日からダイエットをはじめます。目標は1年後の10kg減量！」「ジムに入会しました。半年後にはムキムキになってます」

このようにSNSではっきり宣言すると、挫折した場合、かなり恥ずかしい思いをしてしまうから、「もうやるしかない」という気になりやすい。怠けやすいと自覚しており、しかも適度なプレッシャーがほしい人に向いている方法だ。

閲覧した人は「自分を応援してくれるサポーター」と勝手に思えば、意欲が高まる。「いいね」を押してもらえることがあったら、一層やる気が出るはずだ。日記のような行動記録としても使え、自分の成長具合を確かめられるのもメリットだ。

「こうなりたい！」と思える憧れの写真を持ち歩き、行動するためのモチベーションを高める

「自分を変えたい」と思って、何かをはじめた場合、具体的な目標があるとモチベーションが高まる。もう一歩進めて、イメージできる写真を用意しておくと、見るたびにやる気が湧いてくるはずだ。

ダイエットをしたい場合は、理想とするプロポーションのモデルや俳優。ジム通いをするのなら、引き締まった体のアスリート。「こうなりたい」と憧れる人の写真を壁に貼ったり、財布に入れて持ち歩いたりするといいだろう。

人物だけではなく、お金を貯めてマイホームを手に入れたいのなら、すてきな一戸建てやタワーマンションの写真を見つけておこう。

頭に思い浮かべるだけではなく、ビジュアル化してしっかり確認し、脳を刺激するのがポイントだ。

何かをあきらめずに続けられる人には、ポジティブなことをよく話す友人がいる

人間は身近な人の影響を受けやすい。友人を選ぶ際には、自分を成長させてくれる人をできるだけ優先したいものだ。

「もうだめ」「最悪だよね」「ああ、やってられない」「それは無理」。こういったネガティブな言葉をよく口にする人と親しくなると、何かをしようとした場合、その先に明るい未来を想像しにくくなる。

これに対して、「うん、大丈夫」「たいしたことはないね」「気にしない、気にしない」「できるよ」といったポジティブな言葉が好きな人を友人にすると、感化されて楽観的な気分になっていく。

何かを続けようとするとき、悲観的になるのは禁物。明るい考え方の友人から、プラスのパワーをもらうようにしよう。

習慣を破りたくなる誘惑に駆られたとき、まったく違うことを考えて気をそらす

ダイエット中なのに、スイーツを食べたくなった。禁煙しているのに、タバコを吸いたくなった。こういった誘惑に駆られたとき、挫折しないで続けられる人は、まったく違うことを頭に思い描く。

誘惑からどうやって気をそらすのか、独ビュルツブルグ大学の研究を参考にしてみよう。実験の対象者がチョコレートを食べる前に、①食べたらどんな気持ちになるのかを紙に書く、②食べること以外の使い方はないか考えて書く、③南米のチリに関するテキストを読む。こうしてから実際に食べてもらい、おいしさを5点満点で評価してもらったところ、チリについて学んだ③のグループが群を抜いて低く評価した。

無関係のことを考えただけで、その良さをそれほど感じなくなったわけだ。何かの誘惑に駆られて、習慣を破りたくなったときのために覚えておこう。

4章

続けられる人の「毎日」の習慣、ぜんぶ集めました。

「読書」はまずマンガから。
「日記」の初日は1行で。
続けやすいのは「1日15分」。
「続けられる人」だけが知る
とっておきのコツが大集合！

根気がなくて続かない。そんな人は「1日15分」単位で取り組む

真面目に取り組んでいるつもりだが、長い時間をかけて続けるのが苦手。どうしても息切れしてしまって、なかなか習慣化することができない。

こういった人は、無理に長時間続けなくてもいい。根気のなさを自覚しているのなら、飽きたりイヤになったりする前にひと休みしてみよう。ひと息ついてから、またはじめてはどうか。

とくに何かの勉強をする場合、少し続けたらいったん休憩し、それから再び取り組むようにするほうが効率が上がる、という考え方もある。

じつは、人間が高い集中力をキープできる時間は15分程度といわれている。東京大学とベネッセコーポレーションの共同研究によると、60分続けて勉強をするグループよりも、休憩を挟みながら15分の勉強を3回繰り返したグループのほうが、成績が明

らかに良くなったという。

休み休み行ったグループの勉強時間は計45分で、60分続けたグループよりも15分も少ない。にもかかわらず、より良い結果につながったのだ。

長時間、勉強すると、しだいに脳が疲れて集中力が低下する。短めの15分単位で区切って行うと、脳が休憩時にリフレッシュできて、集中力が途切れず、学んだ内容がよく吸収されるのだろう。

ひとつのことを長時間続けると飽きてくる人は、なおさら15分を1単位として取り組むことをおすすめする。

15分たったらやめて、ちょっと休憩。まだできそうだと思ったら、また15分行うといったように繰り返していくといい。長時間やり続けるのに苦痛を感じる人も、この方法なら取り入れられるのではないか。

15分はまだちょっと長いから、1回5分、10分にしたいと思う人もいるかもしれないが、やめておいたほうがいい。あまりにも短いと、ほとんど何もできないまま時間が終わってしまう可能性がある。

毎日、何かを続けられる人は、決して2日連続ではサボらない

この行動は毎日続けて習慣にしよう。こう考えていても、体調や忙しさなどから、ときには時間が取れなかったり、サボったりするときもあるだろう。

予定通りに行わなくても、それが1日だけで、翌日からまた取り組めるのなら問題はない。しかし、2日続けて休むのはやめておこう。あることを長く続けられる人は、連続ではサボらない。

1日休んだだけなら、「ああ、しまった……」という罪悪感を覚えても、気持ちを切り替えるのはそれほど難しくはない。けれども、2日、3日と連続でサボってしまうと、「まあ、もういいかな」といったネガティブな気分になりやすいものだ。

絶対に毎日続けるべき、と自分を厳しく縛りつける必要はないにせよ、休むのは1日だけにするのが賢明だ。

1日たった5分でいいのなら、掃除も片づけも苦にならない

掃除や片づけをするのが苦手。こういった人のなかには、ただの掃除嫌いではなく、じつは几帳面な完璧主義者のケースが少なくない。いったんはじめると止まらなくなり、疲れてしまうからやりたくないのだ。

このようなタイプの人が掃除を習慣にしようとする場合、あえて短い時間でさっさと済ます手がある。たとえば、「5分」と時間を短く制限する。ただし、「5分たったらやめる」という考え方ではなく、「5分間でどこまできれいにできるのか」というゲーム感覚で行う。

こうすれば、几帳面な人はてきぱきと作業を進め、短い時間制限のなかでもきれいにすることができ、思わぬ達成感を覚えるだろう。「たった5分でも大丈夫なんだ」と理解して、あっさりと掃除好きに変身するかもしれない。

音楽を聴いたりラジオを流したり。「ながら掃除」なら楽しく続けられる

掃除をしても全然楽しくなく、ワクワクしない。こうした場合、当たり前のアプローチで習慣づけようとしても、ちょっと難しそうだ。

とはいえ、もともとは掃除嫌いだったのに、ある工夫をすることによって、楽しみのひとつに変えた人たちもいる。掃除に専念するのではなく、気軽に「ながら掃除」をするのだ。

掃除はそれほど集中しなくてもできるので、何かをしながら行っても大丈夫。効率はとくに落ちないだろう。

おすすめしたいのは、好きな音楽やラジオを聴きながらの掃除。この行動を繰り返すうちに、脳が「掃除は楽しい」と認識するようになり、大嫌いだった掃除がいつの間にか苦にならなくなっていくものだ。

毎日、すっきり片づけられる人は、「やってはいけないこと」をひとつだけ決める

片づけるのが苦手な人の部屋は、ふと気がつくと、いつの間にか散らかっている。なぜ片づけを習慣にできないのか。その大きな理由は、「やらなければいけないこと」をいくつも考えてしまうからだ。

服はクローゼットに仕舞わなくてはいけない。本は本棚に返さなくてはいけない。食器はシンクに持っていかなければいけない。あれもこれもと、やるべきことを考えるうちに、心が疲れてやる気を失ってしまう。

無理なく片づけられる人は、「やってはいけないこと」をひとつだけ考える。「床にものを置いてはいけない」という縛りだ。たったこれだけを守れば、ものが床に散乱しなくなる。やるべきことのハードルが低いのに、驚くほど部屋のなかがスッキリするものだ。まずは、ここからはじめてみてはどうだろう。

良い人間関係を続ける秘訣は、「ありがとう」を口グセにすること

仕事を仲間とともに活き活きとこなし、プライベートでも趣味のサークル活動などで充実している人は、良い人間関係をキープしているものだ。誰とでも円滑な関係を続けられるのには理由がある。何をしていても、「ありがとう」という言葉が自然と口から出るのだ。

「ありがとう」と言われて、イヤな気持ちになる人はいない。自分に好意を持ってもらうために、これほど効果のある言葉はないだろう。

良い人間関係を続けられる人は、あまり好きではない相手に対しても、良いところを見つけて「ありがとう」と言える。イヤな気持ちを態度でも示していると、当然、相手からも嫌われて、人間関係はギスギスしたものになってしまう。「ありがとう」と言うだけで、そうしたムダなストレスを避けられる。ぜひ、見習ってみよう。

毎日、身だしなみが整っているのは、鏡で全身を見る習慣が身についているから

髪の毛が乱れていたり、シャツの裾がズボンから少しはみ出していたり……。身だしなみが整っていない人は、仕事や人間関係などいろいろな面で損をする。

自分のだらしなさを自覚している人は、いつも身だしなみが整っている人の習慣に学んでみよう。1日に何度も、全身を鏡に映して見るようにするのだ。

家柄の良い子が通うというイメージのある学習院の初等科は、校内に鏡を数多く設置している。子どもたちは鏡に映る自分の姿をたびたび見ることで、自然と身だしなみが身につくのだろう。

大人も同じで、朝には自宅の大きな姿見で全身を確認。外出したときには、鏡やショーウインドウを見つけたら、そこでも必ず自分を映してチェックする。こうしたクセをつけておくと、好感度の高い身だしなみをキープできるはずだ。

仕事で好成績を上げ続ける人は、「ひとつ手前」の行動から考えている

何かを長く続けられる人は、ひとつ手前のことから習慣づけている。毎朝7時に起きたいのなら、6時間半以上の睡眠を確保するため、夜の0時には布団に入るといった具合だ。

これとよく似た考え方から、仕事をいつでも始業から順調に進めて、好成績を上げ続ける人は、前日の寝る前に準備をしておく。朝からやるべきことを紙に書き出し、声に出して読むようにするのだ。おすすめの時間帯は就寝10分前で、この時間に行うと、脳に一層しっかり刻みつけられる。

翌朝、目覚めたら、この紙を見ながら読み返す。さらに職場に行ったときも、仕事に取りかかる前に再び読み返すようにする。こうすれば、忙しくても混乱したり、何かの作業が抜け落ちたりすることがなく、スムーズに仕事が進むものだ。

自炊上手は「食べたいもの」ではなく、「つくれそうなもの」からつくる

ひとり暮らしだったり、仕事が忙しかったりする場合は外食に頼りがち。しかし、それでは食費がかさむし、野菜不足などから栄養バランスが偏りやすい。

自炊をしたいと思っても、料理は手間や時間がかかる。なかなか手を出せない人は、無理なく続けている人のやり方が気になるのではないか。

料理がそれほど得意なわけではないのに、楽に自炊を続けている人には共通点がある。自分が「食べたいもの」ではなく、「つくれるもの」を選んでいるのだ。

何事でも、まずはハードルを低くすることが大切。最初から「シーフードパエリア」「チキンのクリームソースがけ」などにトライすると、非常に高い確率で挫折する。少ない材料と調味料で、レシピがなくても手早くつくれるものからはじめよう。慣れるまでは、オシャレな料理には手を出さないほうが賢明だ。

焼くだけ、煮るだけ、炒めるだけ。「だけ」の料理からはじめると楽

料理経験は少ないけれど、毎日、ストレスを感じることなく自炊をしている。こういった人は、「だけ」の料理からはじめるものだ。

最もハードルが低いのは、ごはんを「炊くだけ」で、カレーなどのレトルト食品を温めてかける。料理とはいえないようなレベルだが、これも立派な自炊の形だ。同じような意味から、パスタを「ゆでるだけ」で、市販のソースをかける手もある。

おかずについては、肉をフライパンで「焼くだけ」で、塩コショウやソースなどをかけて食べる。魚なら一層簡単で、グリルで「焼くだけ」にすれば、フライパンを洗う手間も省ける。

自炊に慣れてきたら、ひと段階上げて、ソースやドレッシングを手づくりしてみるといい。挫折してしまわないように、少しずつレベルアップするのが肝心だ。

ごはんはまとめて炊いて、小分けにして冷凍すると自炊に挫折しない

日本人にとって、料理の第一歩はおいしいごはんを炊くこと。自炊はここからスタートするといってもいいが、食事のたびに炊くのは面倒くさいと、外食で済ます人がいるようだ。

こう思う人は、調理に関する知識があまりないのだろう。料理が得意でなくても、効率良く自炊を続けている人は、毎日ごはんは炊かないものだ。

ごはんは一度に多めに炊いて、タッパーに詰めて冷凍しておくに限る。食事のときに解凍すれば、炊飯器で保温しておくよりも、ずっとおいしく食べることができる。ほかほかの状態を再現するには、まだ温かいうちに冷凍するのがコツだ。

とりあえず、ごはんさえあれば何とかなる。ハードルをぐっと下げて、自炊の初歩の初歩からはじめよう。

最初は難しい本を選ばないで、マンガや字の少ない本からスタートする

本を読むのが苦手だったけど、これからは読書を習慣にしたい。こう一念発起したものの、すぐに続けられなくなって挫折する。

失敗した理由は、最初から難しい本を選んだからだ。読書を避けてきた人は、本を読んでもつまらなかったという経験を持っている。それなのに読みにくい本から取り組むと、「やっぱり読書は楽しくない」と脳が判断してしまうのだ。

読書をうまく習慣づけられる人は、まずは「読書＝楽しい」と脳が思うような行動を取る。気軽に読めるエンターテイメントやラノベからはじめ、それでも読むのをやめそうになったら、マンガや絵本を開く。

読むのが楽しいと思えたら、しめたもの。本を読む時間が待ち遠しくなる。このような段階を踏んで、小説や教養本などに移ると、負担なく読めるようになるものだ。

読書の習慣がつくまで挫折しない人は、興味をひかれたページから読む

本を読もうとしたが、あまり面白くない。やはり、自分には読書は向いていないのではないか。こう考えて、早々にあきらめてしまうケースがある。

一方、読書の習慣がなくても、挫折しやすい当初の時期をうまく乗り越えられる人は多いものだ。こうした人のなかには、本をパラパラめくって、興味をひかれた写真や見出し、文章などを見つけて、そのページから読みはじめることがある。

几帳面な人には信じられない読み方かもしれないが、読書を楽しい時間にするには有効な方法だ。もちろん小説にはおすすめできないが、どこからでも読めるエッセイや、見開き単位で完結しているような実用書、写真が主体の本や図鑑などは、面白いと思ったところから読んでも差し支えない。

はじめのうちは、読書の楽しさを脳に教えるのが何より大切だ。

「ひと月に1冊」では物足りなくなったら、「半月に1冊」にレベルアップする

これまで読書の習慣がなかった人の場合、本を読みはじめる際には、ハードルをぐっと低くしたほうがいい。本を開くだけ、あるいは1ページだけ読む、絵本や漫画でもOK、といったステップを踏むのがおすすめだ。

文字だけの本を最後まで読めるようになったら、今度は読書のペースを決めてみよう。まずは、1か月に1冊程度からはじめてはどうか。

自分に約束するのは、とにかく「毎日、本を開く」こと。少しずつでも読み進めていけば、1か月に1冊を読み終えるのは難しくはない。楽にこのペースをクリアできるようになったら、ハードルを上げて半月に1冊ペースにする。

こうして毎日、本を開いているうちに、読書の時間が生活の一部になる。これまでを振り返って、本を読まなかったのは本当にもったいない、と思うことだろう。

目覚めたらベッドのなかで本を読みたい。それなら、寝る前に本を枕もとに用意しておく

何かを習慣にしたい場合、「ひとつ前の行動」から考えるようにしたいものだ。これは習慣化するためのポイントのひとつで、読書をはじめるときにも応用できる。

夕食のあとにリビングで本を読むのを習慣にしたいのなら、ソファーやテーブルの上に読みかけの本を必ず置いておく。朝も読書の時間にしようとする場合は、寝る前にリビングから寝室の枕もとに本を移動する。通勤中も読むのなら、出勤前に鞄に入れるのを忘れてはいけない。

このように、ひとつ前の行動から習慣化すれば、自然と本を手に取って、ページを開くようになる。

夕食後にリビングで、朝起きたらベッドのなかで、といった具合に「いつ」「どこで」読むのかも明確になり、一層、生活のなかに読書が組み込まれるのもメリットだ。

いつどこでも読書ができるように、鞄やポケットのなかに本を入れておく

最近、ちょっとでもひまな時間があると、スマホを手に取る人が目につく。スマホから得られる情報は膨大で、とても刺激的ではある。しかし、情報の信ぴょう性や教養が身につくという点では、やはり本に軍配が上がる。

読書を習慣にしている人は、電車やバスに乗ったときや飲食店で料理やドリンクを待っている間など、ひまな時間が少しでもできたら、スマホではなく本を手にするものだ。

こうした本好きな人たちにならって、生活のなかに読書を取り入れてみたい。そのためには、本をいつでも、どこでも読めるようにしておくのが大切だ。そこで、バッグやポケットのなかに必ず本を入れて持ち歩くようにしよう。

こう習慣づけると、1日のなかでも相当な時間を読書に充てることができる。

面白くないと思った本は、無理して読まないで本棚に戻す

本を開いたものの、どうにも面白くない……と思うときもあるだろう。このような場合、無理をしてでも最後まで読み進めたほうがいいのだろうか。それとも、早く見切りをつけて、読むのをやめるのが正解なのか。

読書が趣味の人は、つまらないと思った小説や教養書に出合ったら、読むのをあっさりやめるケースが少なくない。まだ読書がしっかりと習慣になっていない人なら、なおさら無理をしないほうがいい。イヤイヤ読んでいると、読書はつまらないものだと脳にインプットされ、習慣になりにくい可能性がある。

ただし、面白さを感じなくても捨てないようにしよう。いろいろな経験をしてから、改めて読むと夢中になることもある。こういったときには、自分の成長を感じた気がして、何だかうれしくなるものだ。そのときを楽しみに、本棚に並べておこう。

日記は最初から頑張らない。「1行でもOK」と考えて続ける

文章力が上達する、行動を客観視できる、思考を整理できる、脳が活性化するなど、日記を書くメリットは多い。とはいえ、習慣にしたいと思ってはじめても、長続きしないことはよくある。

数日でやめてしまうのは、立派な日記を書こうとする意識が強いからだ。こんなつまらない日常を書いても仕方がない。せっかくはじめたのだから、もっといっぱい書かなくては。でも、何を書いたらいいのかわからない……。こうして、ストレスをためていって続けられなくなる。最初からハードルを高くし過ぎなのだ。

いっぱい書かなくても、全然ＯＫ。ハードルを極端に低くして、「1行書けばクリア」というルールにしてみてはどうだろう。結局、長続きするのは、こうしてゆるくスタートする人だ。慣れるにしたがって、少しずつ多く書いていけばそれでいい。

書くのが苦手な人も長く続けられるのは、テーマを決めておく「テンプレート日記」

とりあえず、簡単な「1行日記」からはじめた。しかし、しばらくたっても1行どまり。何を書けばいいのか、なかなかつかめない……。

このような状況に陥ったら、長く日記を続けられている人のアイデアに学ぼう。書く内容をあらかじめ決めておき、定型の「テンプレート日記」にするのだ。

まずは「日付」からはじまって、「天気」「寝た時間と起きた時間」「食事の内容と満足度」「昼休みの行動」「仕事は100点満点で何点だったか」「買ったもの」「良かったこと」「良くなかったこと」「印象に残った会話」「今日をひと言で表すと、どういう日だったか」「明日はどんな日にしたいか」などについて書く。

自分が書きやすいことを選んでかまわない。こうしてテーマを決めて続けているうちに、何をどう書けばいいのかがわかるようになるものだ。

日記が習慣になっている人は、きれいな文章を書こうとは思わない

日記を習慣にしようとしても、なかなか続かない。こうした人のなかには、きれいな文章を書こうと頑張ってもうまくできず、やがてイヤになって挫折してしまうケースがある。

普段、仕事でもプライベートでも、あまり文章を書いていないのなら、整えられた美しい文章を書くのは難しいものだ。思うようにできなくて落胆するのであれば、ハードルをもっと低くしたほうがいい。

日記は「文章」を書くもの。こう思い込んでいるのかもしれないが、別にそういった決まりはない。テンプレートをもとにした「メモ書き」でも、文章のつながりがない「箇条書き」でも、どういった書き方でもかまわない。良い文章を書こうと悩むうちに、意欲がだんだん薄れていくことのほうが問題だ。

上等の万年筆を買って、モチベーションアップ。書き心地を楽しみながら日記を書く

山登りをしようと思い立ったら、まずはアウトドア専門店で上等の登山靴を買う。料理をはじめるからには、とにかく調理器具にこだわりたい。

このような「形から入る」タイプだと自覚している人は、日記を習慣にする場合、手軽にパソコンを使ったり、安いノートに書いたりしない。立派な日記帳を購入し、万年筆で書こうとするものだ。

形から入る人の場合、万年筆を手に日記帳に向かう自分の姿が気に入るはず。これでモチベーションが高まるのなら、意外に挫折しにくい取り組み方といえる。タイプによっては、試してみる価値はありそうだ。

ただし、高級なアイテムをそろえたからといって、最初から上等な日記が書けるわけではない。書く内容については、ハードルを下げるのを忘れないようにしよう。

仕事で疲れて考えるのが面倒ください。そんなとき、日記が続く人は1行だけ書く

簡単な1行日記やメモ書き、箇条書きからはじめ、その後、少しずつ慣れていくにつれて、日記を続けるのが苦にならなくなっていく。

しかし、仕事が忙しくて帰宅が遅くなる、あるいは人間関係などでストレスを感じる日もあるだろう。そうしたときには、日記を書くのが億劫になる。結局、サボってしまって、それをきっかけに気持ちが切れて、続かなくなるケースは少なくない。

日記を書くのを習慣にして長く続けられる人は、ひどく疲れたり、やる気が湧かなかったりする日もサボらない。とはいえ、いつもと同じようにしっかり書くのではなく、「今日は1行だけ」「まあ、メモ書きでもいいか」と適当に手を抜く。

重要なのは、毎日続けること。最低限、これだけをクリアすればいいと考えるのが、日記を続けていくための大きなポイントだ。

5章

続けられる人の「勉強」の習慣、ぜんぶ集めました。

勉強が必要なのに、
机に向かう気がしない。
3日もやればイヤになる。
そんな困った人に
続けるための秘策を伝授しよう。

勉強する理由をはっきりさせ、ワクワクするようなゴールを決めておく

昇進のために資格が必要だから。英会話ができると仕事で役に立つから。社会人が何かの勉強をはじめるとき、そこにははっきりした動機があるものだ。

それぞれの目標に向かって、勉強をスタート。しかし、はじめのうちは順調に学び続けても、やがて意欲が薄れて机に向かう時間が減っていく。「必要だからやる」ことに疲れて、勉強するのがイヤになってしまうからだ。

やる気を失わないで勉強を続ける人は、その先で手に入れられる楽しさを考える。資格に合格したら、給料が上がって家族が喜ぶ。英語が話せるようになったら、海外旅行に行ってみたい。このように考えれば、「楽しいからやる」に変換できる。

ワクワクするような感情が湧き上がることにより、人は頑張り続けられる。いまの努力が実を結ぶ未来を信じることだ。

1時間勉強したら10分ゲーム。「ごほうび」ありでテンションアップ

子どものころから勉強が大好きなら、大人になっても苦もなく学び続けることができるだろう。けれども残念ながら、多くの人はそれほど勉強好きではない。

何かの目的を持って学ぶようになっても、「サボりたい」という気持ちに負けそうになる。自分がそういうタイプだと自覚し、それでも意欲を持って勉強を続けられる人は、目の前においしい〝ニンジン〟をぶら下げておく。

たとえばゲームが好きな場合、「1時間勉強したら、10分間ゲームをやっていい」というルールを設定するのだ。こうすれば、ゲームをやりたいために勉強しようと、やる気が湧いてくる。

勉強が終わったら本を読める、音楽を聴ける、スイーツを食べられる、ビールが飲めるといったように、自分に合ったごほうびを用意しておいてはどうだろう。

「1日1時間」ではなく「週7時間」。習慣化が得意な人は週単位で調整する

毎日、必ず1時間は勉強する。こういうルールを決めておいても、急なトラブルで残業が発生したり、断れない飲み会に出席したりで、普段よりも帰宅がかなり遅くなる日もあるだろう。

思わぬアクシデントが起こった日は、勉強する時間がなかなか取れない。真面目な人は「ああ、サボってしまった」と気落ちし、それをきっかけに意欲が薄れていく。

このような失敗をしそうな人は、余裕をもって勉強を続ける人のやり方を取り入れてみよう。「1日1時間」という1日単位ではなく、「週7時間」といった週単位で勉強する時間をとらえるのだ。

勉強しない日があっても、ほかの6日間でフォローすればいい。こう考えると、ぐっと気が楽になって、焦らないで習慣づけられる。

通勤中やランチのあとなど、ちょっとした時間を有効活用する

勉強はしたいけれども、忙しくてなかなか時間が取れない。できない理由をこのように話す人がいるが、ただの言い訳に過ぎない。仕事やプライベートで多忙でも、毎日、勉強時間をしっかり確保している人はいっぱいいる。

電車に乗っている間、座席に座って教本を開いて勉強する。車で通勤するのなら、スマホで英会話などの動画を聴く。ランチのあと、コーヒーを飲みながら学ぶ。家にいるときには、家事をしながら音声を流したり、風呂に入りながらタブレットを使ったり。まとまった時間は取れなくても、工夫すればいくらでも方法はあるものだ。

忙しい場合は、いろいろなシーンで勉強すればいい。途切れ途切れでも、合わせればそれなりの時間になるものだ。昨日はトータル50分、今日は1時間5分を確保できた、などと勉強時間を記録すると、ゲーム感覚で楽しめるかもしれない。

参考書は本棚ではなく、すぐ目につくところに置いておく

勉強するのに教本や参考書が必要な場合、どこに保管しておくのがいいだろうか。「本棚に決まっている」「どこでもいいのでは？」などと考える人は、せっかく学びはじめても、ほどなく挫折してしまうかもしれない。

教本や参考書を本棚に仕舞っておく場合、その隣に面白そうな本やマンガが並んでいたらどうなるか。まずそちらに目がいき、手にすべき教本や参考書ではなく、本やマンガをつい取り出してページをめくってしまう。本棚に保管する場合は、近くにそういった勉強の邪魔になるものを並べないのが鉄則だ。

保管するのにもっといいのは、いつも実際に勉強をする場所だ。リビングのソファー、自室の机の上など、勉強しようと思ったらすぐにできるところに保管しておくと、スムーズに取りかかることができる。

今日やる勉強を細かく書き出し、クリアするたびに線で消すと楽しくなる

「かけ算の問題を10問解く」「漢字を50字書く」「国の名前を10か国書く」。

こうして課題を細かく書き出して、クリアするたびに線を引いて消していく勉強方法がある。線で消すときに「やった！」という達成感を覚えることから、子どもはすすんで勉強するようになるという。

資格取得や英会話の勉強にこの方法を取り入れて、楽しみながら続けている人がいる。効果的な学び方なので、大人でも成果が期待できそうだ。

「英語の問題集を3ページやる」「基本問題を10問復習する」「リスニングを10分続ける」といったように、今日やりたいことをひとつひとつ、ペンや鉛筆で紙に書き出す。

そして、子どもの勉強方法を真似して、やり終えるたびに線で消していく。達成感を何度も味わえるように、できるだけ細かく書き出すといいだろう。

「もったいない」と強く思うタイプは、スクールに入学してやる気を出す

高価な服を買ったから、シーズン中に何度も着ないともったいない。上等の調理器具を購入したから、オシャレな料理をつくらないともったいない。思い切ってゴルフセットを買ったから、月に一度はゴルフにいかないともったいない。

高いお金を出して何かを手に入れた場合、使わないと損をすると強く思う人がいる。せっかく投資をしたのだからと、それに見合う成果がほしいのだ。

自分はこうした傾向が強いと思うのなら、勉強をはじめるときにも投資をしてみよう。たとえば、難しい資格を取得したい場合、専門のスクールに入学してみるのだ。あるいは、高価な通信教育に申し込むのもいい。

スタート時点でお金を使ったので、「もったいないから、やるしかない」と大きなモチベーションになる。「もとを取るまで頑張ろう」という気が湧いてくるものだ。

ひとりでコツコツ学ぶのが苦手な人は、スクールに入ってまわりから刺激を受ける

家ではまったく机に向かわないのに、学習塾ではすごく真面目に勉強をする子どもは少なくない。ひとりでは勉強する気にはならないが、誰かといっしょなら頑張れるというわけだ。

この心理に共感する人は多いのではないか。大きくうなずける人の場合、資格取得などに取り組むときには、ひとりで机に向かわないほうが良さそうだ。子どものころのように、誰かといっしょに勉強できる環境に飛び込んでみよう。

専門のスクールに入学すれば、そこには同じ目標に向かう人たちが大勢いる。真剣に学ぶ姿を身近に見ると、「自分もやらなければ」とやる気になるはずだ。時間とお金が捻出できない場合、SNSで共通する目的を持ったコミュニティに参加し、励まし合いながら勉強する手もある。

自宅だと勉強する気にならないが、図書館やカフェでなら集中できる人もいる

受験を控えた高校生は、放課後や休みの日、よく図書館で勉強をする。自宅はゲームなどの誘惑が多いことから、参考書を開く気にならない。図書館に漂う静かな空気感は、集中して勉強をするのに絶好だ。

高校生と同じように、自宅では勉強が進まない人は、仕事帰りなどに図書館に立ち寄って勉強に励んでいる。家にいるとやる気が湧かないのなら、試してみてはどうだろう。

少しザワザワしているほうが逆に集中できるのなら、ＢＧＭの流れるカフェやファミレスなどを勉強の場にしてもいい。

いつも自宅で勉強している人も、ときには外に出向いてみてはどうか。場所を変えると、気分が新たになってマンネリ化が解消されそうだ。

6章

続けられる人の「お金」の習慣、ぜんぶ集めました。

お金を貯めるには、
どんな習慣が必要なのか?
賢い貯金の仕方から
家計簿のつけ方まで、
思わず納得の方法ばかり!

貯金が増えていく人の考え方は「ムダづかいを減らそう」ではなく、「お金を貯めよう」

お金を貯めようと思っても、意欲がそれほど続かない人がいる。その一方、着実に金額を増やしていける人も多い。両者の違いはどこにあるのだろうか。細かい貯金のテクニックではなく、根本的な心の持ちようについて考えてみよう。

お金を残そうと思っても続かない人は、「お金を貯めよう」という意識よりも、「ムダづかいをしない」と考えるケースが多い。両者は同じ方向を向いているようだが、心の持ちようはまったく違う。「お金を貯めよう」は「やる」行動で、「ムダづかいをしない」は「やらない」行動なのだ。

何かを続けようとした場合、「やる」方向で前向きに動くのが正解だ。「やらない」を重視すると気持ちが縮こまってしまいがちになる。お金に限らず、ほかの多くのことでも同じなので、何かをはじめるときには注意しよう。

出費を少なく保つ人は、毎日の食費ではなく外食を控える

お金を貯めようとする場合、毎月、入ってくる金額が変わらないのなら、出ていく分を少なくする必要がある。

出費を減らすのなら、毎日、必ず出ていく食費を抑えるのがいちばん。こう考える人は少なくないかもしれないが、これではお金は一向に貯まらず、そのうちイヤになって挫折することになりそうだ。

というのも、食費を減らしてもたいした節約にはならない。少しは出費が減るだろうが、それよりも食事の量や質が下がるデメリットのほうが大きいといえる。

まず抑えるべきは、もっと大きなお金の動く外食だ。食費を1日数十円、数百円単位で出費を減らしても、1回の外食でそのマイナス分をはるかにオーバーしてしまう。

お金を貯めたいとき、普段の食費を抑えるのはやめておこう。

しっかり節約を続けられる人は、「ほしい」と思っても1週間待つ

貯金額を増やすためには、やはり節約することが大切。にもかかわらず、お金を貯めようとしているのに、つい衝動買いをしてしまう人がいる。このクセをなくさない限り、貯金の習慣は絶対に身につかない。

じつは、人間は遠い将来のことよりも、いま手に入るものの価値を大きく感じやすい。この傾向のより強い人が、いま目の前にあるものに対して、「ほしい！」という気持ちを止められなくなってしまうのだ。

自分がこういったタイプだと自覚しているのなら、「ほしい」と思っても、すぐに買ってはいけない。とりあえず、1週間待ってみよう。それでもまだほしいという気持ちが強ければ、本当に手に入れたいものだと判断して購入する。このルールを守れば、衝動買いでお金を減らすケースが減り、貯蓄を続けられそうだ。

家計簿の収支は合わなくてＯＫ。「ざっくり」まとめたほうが続けられる

お金を管理しようと思うなら、家計簿をつけるといい。どのようにお金を使っているのかを把握でき、どうすれば出費を控えられるのかがわかる。しかし、すぐに面倒くさくなって、挫折してしまう人が非常に多い。

そこで、長年、習慣にしている人のやり方を真似してみよう。コツは「ざっくり」とやることに尽きる。

毎月の収支を照らし合わせたとき、若干の違いが出てくる場合もあるだろう。こういったとき、なぜ合わないのかと気にすると、それがストレスになって家計簿をつけること自体がイヤになってしまう。

数十円、数百円の数字の違いは「誤差」だと考えて気にしない。大きなお金の流れを把握できればそれでいい、とゆるく考える人が長く続けられる。

毎日夕食後、週末の朝食後など、家計簿をつけるタイミングを決めておく

家計簿は長く続けることに意味がある。継続するためのポイントのひとつが、つけるタイミングを決めておくことだ。途中でやめないで、無理なく続けている人なら、自然と実行しているのではないか。

何かをはじめるとき、「いつ」やるのかを決めておくと習慣にしやすいものだ。家計簿をつける場合も同じ。たとえば、買い物から帰って来て、今日はもう出費することはない、というタイミングで行うのはどうだろう。

夕食が終わってひと息ついてから、あるいは、寝る少し前の1日の終わりにつけるのもいい。アプリを使うのなら、何かを買うたびにレシートを記録するのはどうか。毎日つけるのが面倒なら、週末に1週間分をまとめてつけてもかまわない。いろいろ試して、自分が習慣にしやすいタイミングを見つけてみよう。

着実にお金を貯めていける人は、毎日、財布に残った小銭を貯蓄に回す

何かを習慣に取り入れ、長く続けるには「やる気」がもちろん必要だ。とはいえ、途中で挫折しないためには、ほかにも大事なポイントがある。そのひとつが「仕組み」をつくることだ。

お金を貯めようとする場合も、自分なりの仕組みをつくってみよう。おすすめなのが、毎日、1日の終わりに財布に残った小銭を集めておき、週末などにまとめて預金する方法だ（入金の際に手数料がかかる場合があるので注意）。

たとえば、仕事を終えるなどして帰宅し、もう外出することはないと思ったとき、リビングのソファーに座って財布を確かめてはどうだろう。「いつ」「どこで」を決めておくと、毎日、忘れずに行動できる。毎週、着実に金額が増えていくので、ますますやる気が出て、習慣になりやすいものだ。

5000歩以上歩いたら、5000円を貯金するとマイルールを決める

お金を貯めようと思ってはみたものの、早々と挫折してしまった。こうした人は、自分の意志の弱さを嘆くかもしれないが、じつは仕組みづくりがうまくできていなかったのではないか。

お金を貯めるという目標に向けて、「このとき、こう貯める」という自分なりのルールを決めておきたいものだ。おすすめしたいマイルールのひとつが「歩数貯金」。1歩を1円で換算して、5千歩の日には5千円、1万歩なら1万円を預けるようにする方法だ。

1歩1円がきつければ、10歩1円でもOKだ。いまは歩数計がなくても、スマホのアプリで歩数がわかるので、簡単にチェックできる。毎日行うと金額が大きくなり過ぎるので、休日のウォーキング限定といったマイルールにするのがいいだろう。

貯金が着実に増えていく人は、「つもり貯金」を実行している

お金を貯めるユニークな仕組みに、「つもり貯金」というのがある。何かにお金を使おうと思ったとき、実際には買ったり支払ったりはしないで、「やったつもり」になる。そして、その分のお金を貯金に回すという方法だ。

たとえば、人気カフェに行ったつもりになって、飲まなかったコーヒー代を貯金する。あるいは、代わりに缶コーヒーを飲み、カフェに支払う分との差額を貯めてもいい。応用編として、最寄駅からひとつ手前の駅で降りて歩き、その分の電車賃を貯金する、スーパーで半額になった総菜を買って差額を貯金する、といった方法もある。

「つもり貯金」は大きな金額にはなりにくいので、続けるのが面倒になる可能性もある。そうならないように、「5000円貯まったら外食」といったような軽めの目標を立てておくのもいい。目指すハードルが低いので、やる気がそがれにくくなる。

「貯まっていくお金」を折れ線グラフにするとやる気が出る

お金を貯めるのに家計簿をつけるのは効果的だが、注目する数字は出ていくものだけ。つけているうちに、支出ばかり増えていくような気がして、意欲が薄まっていくタイプの人もいるようだ。

こうした人の場合、出ていくお金ではなく、貯まっていくお金をクローズアップするほうが、貯金を続けられる可能性がある。

ダイエットをするときには、折れ線グラフなどの記録をつけると、やる気が出て挫折しにくいものだ。同じ意味から、小銭貯金や歩数貯金などで貯まっていくお金をチェック。できれば、やはり折れ線グラフにして、お金の貯まり具合がひと目でわかるようにする。右肩上がりのグラフを見ると、着実に貯金が増えていくのを実感できて、やる気が湧いてくるはずだ。

7章

続けられる人の「健康」の習慣、ぜんぶ集めました。

禁酒・禁煙を続ける秘訣に、
早起きするための裏ワザ。
健康をキープするには、
「続けられる人」の習慣が
とても役に立つ！

「まずいなー」と言いながらお酒を飲めば、脳はだまされて飲み過ぎを防げる

人間は楽しくてワクワクすることをやりたがる。その逆にイヤな気分になったり、退屈したりすることはやりたくないものだ。

こうした感情の動きは、じつは言葉によっても左右される。「すごく楽しい」と言えば何となくワクワクする気分に、「イヤだイヤだ」と口にすると不愉快になっていく。言葉をうまく使えば、脳をだまして気分を変えることができるのだ。

そこで、お酒を控えようとするとき、この脳と感情のつながりを利用する手がある。「まずいなー」などと口に出すと、脳はあっさりだまされて、飲んでもおいしさが薄れる。何度も繰り返すうちに、「お酒はまずい」と脳が強く認識し、飲みたくなくなっていくものだ。

タバコをやめたいときも同じで、有効な手段となるので覚えておこう。

節酒が得意な人は「お酒を飲まない」ではなく、「今日はノンアルビールを飲む」と考える

お酒をやめよう。こう思っても、なかなかすぐにはやめられない。毎日は飲まないほうがいいとは思っていても、風呂上がりにはまずビールに手が伸びる。そして1杯が2杯、2杯が3杯と増えていく。これでは、いつになっても禁酒、節酒は難しい。

本当にお酒を控えたいと思うのなら、考え方を変えてみよう。上手に何かを続けられる人は、「〜しない」ではなく「〜する」と前向きに考える。この方法にならってみるのだ。

たとえばビールの場合、単純に「飲まない」と思うのではなく、「ノンアルコールビールを飲む」という前向きな行動に変えるのだ。この考え方を応用して、「寝酒をやめる」ではなく、ほど良く疲れて眠気を覚えるように「昼間、運動をする」と転換させる手もある。こうしたポジティブな思考が、習慣を変えるコツのひとつだ。

毎日、缶ビールを3本飲んでいたら、とりあえず2本に減らすことからはじめる

お酒は好きだけど、少し控えたほうが良さそう……こう思っても、なかなかやめられないのが酒好きの悪いところ。長年、毎日のように飲酒を続けた人の場合、まったく飲まない日をつくるのはハードルが高いのかもしれない。

そこで、最初はハードルをぐっと低く設定してみてはどうだろう。まったく飲まないのではなく、飲む量を減らすことからはじめるのだ。これまでビールを3本飲んでいたのなら、2本にとどめる。ワインを1本飲んでいた人は、瓶の半分まで飲んだらグラスを置くようにする。

とりあえず、禁酒に向けて一歩を踏み出すのが何よりも大事。最初のハードルを低くしておくと、先延ばしにしないで実行しやすくなる。慣れてきたらもっと酒量を減らして、最終的にはひと口も飲まないことを目指せばいい。

早寝早起きしたいなら、寝る2時間前に入浴。手前の行動から改善すると習慣化できる

早寝早起きは最も大切な習慣のひとつ。とはいえ、寝つきがあまり良くない人もいるだろう。そういった場合、帰宅して寝る時間までの習慣を見直してみよう。

まずチェックしたいのは入浴する時間だ。なかなか寝つけない人のなかには、寝床に入る1時間以内に風呂に入るケースがよく見られる。風呂に入ると、深部体温（体の内部の体温）がいったん上がり、2時間近くは下がらない。眠気は深部体温が下がってきたときに湧くものなので、寝つきが悪いのも当然なのだ。

よく眠るためには、寝床に入る2時間前までには入浴を済ませておこう。この習慣をつけるだけで、毎晩、早寝ができるようになることも多い。

ほかにも、寝る3時間前までに夕食を済ませておく、夕食後は明るい照明を浴びないなど、寝床に入る前の習慣が早寝早起きのためには欠かせない。

早寝早起きが習慣になっている人は、寝室でスマホを使わない

早寝早起きを習慣にしたいけど、なかなかできない。とくに早く寝るのが難しく、睡眠時間が短くなって昼間はあくびばかり……。こうした人で最近とても多いのが、寝る直前までスマホをいじっている悪習慣だ。

夜が更けると自然と眠くなり、早寝早起きを続けられている人は、帰宅してからはスマホをあまり使わない。また、寝室にスマホを持ち込まない人も少なくない。持ち込む場合も、手の届かないところに置いて充電するなど、できるだけ夜はスマホに触らないようにしているものだ。

中国の第二軍医大学が2020年に発表した、スマホと睡眠に関する見過ごせない研究を紹介しよう。

この研究によると、実験の参加者が就寝30分前からスマホを使わないようにしたと

ころ、眠りにつくのが12分早まったという。ほかにも睡眠時間が18分長くなる、眠気が強く湧いてくる、主観的な睡眠の質や目覚めたときの気分が良くなったなど、プラスの結果が相次いだ。

睡眠にとって、夜のスマホは害でしかない。大きな理由のひとつは、スマホの画面から発するブルーライトが目に良くないからだ。

ブルーライトは青い色の光のことで、目に見える光のなかで最も波長が短い。紫外線に近い非常に強いエネルギーを持っており、目の角膜や水晶体で吸収されずに網膜まで達する。このためブルーライトを目にすると、強い刺激によって脳が覚醒し、眠りを誘うホルモンであるメラトニンの分泌が抑えられてしまう。

スマホの設定により、ブルーライトはカットすることもできる。しかし、それでもまだ脳は大いに興奮してしまうものだ。ＳＮＳやゲーム、興味のある分野のニュースなどの刺激は強く、見ているとなかなか眠気が湧いてこない。

早寝早起きを習慣に取り入れたいのなら、スマホの取り扱いには慎重になろう。せめて夕食後は使わないようにするのが賢明だ。

寝る前のお約束。「明日は朝の6時に起きる」と、はっきり口にして目をつぶる

朝はアラームの音で目が覚めるという人は多いだろう。しかし、ときには体がまだ目覚める準備ができていないのに、強制的に起こされることもある。こうした場合、すっきりした覚醒は得られにくい。

アラームに頼らなくても、毎日、気持ち良く早起きをしている人は、寝る前にひと工夫する。寝床に入って、「朝の6時に起きる」と3回唱えてから目をつぶるのだ。この習慣をつけると、6時になったら自然とすっきり目覚める可能性がある。

これは起床後、体の働きを高めるために作用するホルモン、コルチゾールの分泌に関係している。起きる時間を意識してから寝ると、脳がそのことを刻み込み、起床に合わせてコルチゾールを分泌するようになるのだ。今晩から、目覚めたい時間を脳に言い聞かせて眠るようにしてはどうだろう。

目覚めたら寝床で「5」からカウントダウン。「0」になったらすかさず起きる

朝になって目覚めても、すぐに起きる気にはなかなかならない。もう少し、布団のなかにいたい。もうちょっとなら大丈夫。こう思っているうちに二度寝する……。これではいつまでたっても、早寝早起きが身につかない。

目が覚めたら、数秒のうちに布団からぱっと出る。こうした習慣のついている人は、頭の中で「5秒ルール」を行っているかもしれない。米国のテレビ司会者、メル・ロビンス氏が提唱したもので、やると決めたら余計なことはもう考えない。5秒で実行する、というルールだ。

早起きに使う場合、目が覚めたらすぐに「5」からカウントダウンする。そして、「0」になったら、問答無用で飛び起きるのだ。こうすると、余計なことを考える前に行動に移せる。簡単ながら効果は高いので、ぜひ試してみよう。

寝室のカーテンを開けて寝ると、朝の光が差し込んで快適に早起きできる

眠るとき、寝室のカーテンはどのようにしているだろうか。完全に閉めてから寝る人が多そうだが、早起きの習慣をつけたいのなら、少し開けておいたほうがいい。こうしておくと、すっきりと目覚めることができる。

カーテンを開けておくのは、朝の太陽光線を寝室に取り込みたいからだ。夜明けとともに、部屋はしだいに明るくなっていく。目を閉じていてもその光を感知し、体は自然と起きる準備をはじめるのだ。

目覚めて目を開けた瞬間、明るい光が目に飛び込んでくるのもメリットだ。網膜が太陽光線を感じたら、それがスイッチになって、目覚めを促す神経伝達物質のセロトニンが分泌される。その働きによって、すっきり目覚めて活動できる。カーテンを開けていても問題ない住宅環境なら、おすすめの目覚め方だ。

禁煙にしっかり成功する人は、まず、愛用のライターや灰皿を捨てる

禁煙を本気で決意したとき、タバコを買うのをやめるのはもちろん、家で長年使っている灰皿や、高いお金で買った外国製のライター、手になじんだ愛用のオイルライターなどを捨ててしまう人がいる。こうした思い切った行動はなかなか効果的で、禁煙の成功につながるケースが多い。

何かを「やめたい」と思ったら、その行動につながる条件を取り除く。こうすると、やめたいことを「やりたい」と思っても、実行するのが難しくなるわけだ。禁煙したい場合、喫煙者とは飲みに行かない、食後にコーヒーを飲むと吸いたくなる場合は緑茶を選ぶ、などの工夫があげられる。

甘いものは控えたいから、ケーキ屋やコンビニには近づかない、といったように、この考え方はさまざまなことに応用できる。

「今日は吸わない」「また今日も頑張れる」短い目標をクリアしていく人が続けられる

「タバコはもう決して吸わない」と誓って禁煙をスタートしたものの、わずか数日で挫折する。こうしたとき、長年のニコチン中毒だから仕方ない……などとあきらめてはいけない。禁煙を続けられなかったのには、ちゃんと理由があるはずだ。

失敗しがちなのが、「もう決して吸わない」と、最初から高い目標を設定したときだ。なかなかやめられない場合は、まずは設定を低くしたほうが続けられる。

タバコをやめたいのなら、「今日1日は吸わない」からはじめてみてはどうか。成功したなら、「昨日は頑張れた。よし大丈夫」と考え、「今日もタバコは吸わないでいよう」と2日続けての禁煙に取り組む。

こうして一歩ずつ目標をクリアしていくと、1週間程度で体からニコチンが抜けて、楽に禁煙を続けられるようになる。

上手に禁煙できる人は想像する。「いまやめたら10年後の自分は健康だ！」

禁煙が長続きしない人は、タバコを吸い続けたとき、将来に待っている最悪の状態を思い浮かべる手がある。たとえば10年後、医師から「肺がんの末期で、もう手の施しようがありません」と宣告されている自分をリアルに想像するのだ。

病室の無機質なつくり、医師や看護師の同情するかのような表情、蒼白になった自分の顔。これらをしっかり想像できたら、その将来の自分が、いまの自分をどう思うのかも想像する。当然、「なぜ、タバコをやめなかったのか」「禁煙を続けていたら、こんな目にはあっていない」などとひどく責めるに違いない。

では、いま禁煙すればどうか。10年後に待っているのは、このような最悪の状態ではなく、まだ間に合うはずだ、と思うだろう。こうして、将来を変えようという強い思いを持つようにすると、禁煙を続けやすいものだ。

「タバコを吸いたい」と思ったら深呼吸。禁煙が続く人は、気持ちをそらす方法を知っている

タバコをやめてから数日の間、1日に何回か、「ああ、吸いたい！」と強く思うかもしれない。禁煙が続くかどうかは、このときにどう対応するかで決まる。

禁煙に成功する人は、「吸いたい」と思ったとき、別の行動で気をそらすものだ。たとえば、深呼吸をする、ガムを噛む、顔を洗う、外に出てちょっと歩く、といったようなことをする。車を運転しているときなら、大声で歌う。酒を飲んでいるときには、冷たい水を飲むのも効果的だ。

タバコを吸いたいと思っても、その気持ちはそう長くは続かない。せいぜい3分から5分程度で薄れていくことがわかっている。その短い時間、タバコを吸う代わりに何かを行い、欲求が収まるのを待つのだ。自分に合う方法をいくつか考えておき、対処するようにしよう。

8章

続けられる人の「ダイエット」の習慣、ぜんぶ集めました。

多少のリバウンドは無視。
我慢し過ぎるのは禁物で、
ときにはヤケ食いもOK。
見事、体重を落とせる人は、
ゆる〜く食事制限をする?

「何となくやせたい」ではなく、具体的な目標を持つ人が成功する

ダイエットに取り組んでも、途中でイヤになって挫折する人は、目標がはっきりしていないことが多いものだ。

順調に体重を減らしていくには、当然、食事制限などをしなければいけない。「ちょっと太ったからやせてみよう」「もう少しやせたほうがいいかな」といった程度の動機ではじめても、失敗するのは当たり前ともいえる。

ダイエットに成功したいのなら、その先にある自分の姿を明確に想像することが重要だ。「半年でメタボから脱出する」「来年の成人病健診で、満点の通知を受ける」「メリハリのある体に変身する」「腹回りがきつくなったお気に入りの服を着られる体に戻す」。こうして目標を具体的に設定すれば、高いモチベーションをキープでき、ダイエットが続けられる。

体重の変化を「折れ線グラフ」で記録。右肩下がりのグラフを見るとやる気が湧く！

毎日、ほんの少しだけでも前に進んでいる。こう実感する人は意欲的になれると、米国ハーバード大学による作業員の日記を分析した研究で明らかになっている。この心のメカニズムは、ダイエットに取り組むときにも利用できる。毎日、体重計に乗って、体重の変化を確認するのだ。

とはいっても、「昨日よりも0・3kg減った」「1週間で1kgくらい減ったのかな？」などと軽く思っているだけでは効果は薄い。目標の体重になるまでの長い期間、やる気を上手に奮い立たせる人は、毎日の数値をきちんと記録する習慣があるものだ。

記録の仕方としては、折れ線グラフがおすすめだ。体重の動きがはっきりと「見える化」されるので、日々の増減をひと目でつかむことができる。

ダイエットを決意し、食べ過ぎや夜食、甘いものの間食などを避けていると、体重はおおむね少しずつ減っていくだろう。

折れ線グラフにすると、その動きは一目瞭然。目標に向かって進んでいることを実感でき、やる気が出るというわけだ。

グラフを見てうれしさを感じているとき、脳内からは「β-エンドルフィン」という神経伝達物質が分泌される。これも、ダイエットを続けるための推進力となる。

β-エンドルフィンは別名「脳内麻薬」。幸福感や高揚感を湧き起こす作用があり、明日からもダイエットを頑張ろうと、ますます意欲的な気持ちになれる。

ダイエットを効果的に進めるには、折れ線グラフに加えて、普段よりもよく歩いた、ランチは糖質を少なめにしたなど、その日に何があったのかを記録するとなおいい。加えて、飲み会があった、夕食後にスイーツを食べた、といった良くない行動も記す。こうすれば、何が体重の増減に影響するのかがわかってくる。

体重計には毎日、決まった時間に乗るようにしよう。できれば朝の歯磨き前と夜の入浴前など、1日2回計ってグラフにすると、体重の動きが一層よくわかり、さらに前向きな気持ちになれるはずだ。

最終的にやせる人は、たまに食べ過ぎた翌日、少々リバウンドしても気にしない

ダイエットに励んでいても、ストレスがたまって食べ過ぎたり、断れない飲み会が続いたりすることもあるのではないか。そういった場合、残念ながら、体重は少し増えてしまう。

ああ、ダイエットなんか無理だったんだ……と気落ちし、そこで挫折する人がいる。けれども、目標の体重までダイエットをしっかり続けられる人は、こうした少々のリバウンドには動じない。まあ、ときにはそんなこともあるだろうと、気持ちをさっと切り替えられるものだ。

何事も長く続けられる人は、短期的な変動についてはさほど気にしない。ダイエットも同じで、3か月後までに体重を5kg落とそうと思ったのなら、そのゴールだけを目指せばいいと考える。小さなことで一喜一憂しない心構えでいるのが大切だ。

飲み会が続いて絶対に体重が増えた…そんなときは1週間体重を計らない

真面目にダイエットに取り組んでいても、折れ線グラフが必ず右肩下がりになるとは限らない。飲み会などでカロリーがオーバーしたときには、グラフは斜め上に向かって線を描くことだろう。

こうしたグラフを見ると、やる気がそがれてしまうものだ。いったん体重が増えたら、1日や2日で減らすのは難しい。

体重計になんか乗りたくない……。こう思うようなら、しばらくの間、体重をチェックしないでおこう。ダイエットは続けながらも、体重計に乗るのはひと休み。1週間ほど様子を見て、体重がもとに戻ったころにチェックを再開するのだ。

それまでの折れ線グラフは捨てて、新たな気持ちでリセット。ダイエットに失敗したなどと深刻にならず、また右肩下がりのグラフを目指せばいい。

めったに食べられないごちそうは、我慢しないで食べてトータルで調整する

ある会食に出席すると、テーブルにはめったに食べられないごちそうが並んだ。こうした場合でも、ダイエット中なら口にするのを我慢したほうが良さそうに思える。しかし、ダイエットに成功するのは、我慢しないで食べる人のほうだ。

ダイエットが続かない人は、「甘いものは禁物」「糖質は極力控える」といった多くの禁止項目を設けていることが多い。確かにこうすると体重は落ちていくが、同時にストレスがどんどんたまっていく。そして、あるとき大爆発してダイエットに嫌気がさし、あえなく挫折してしまうのだ。

我慢し過ぎないことが、理想の体重になるまでダイエットを続けるためのコツ。たまにカロリーオーバーの日があっても、長い目で見て調整すればOKだ。食事に制限をかけ過ぎず、ストレスをためないで、少しずつ体重を減らしていこう。

ストレスがたまったとき、我慢せずヤケ食いをする人のほうがやせる

仕事が忙しくて、すごくプレッシャーがある。人間関係がうまくいかなくて、いつもモヤモヤしている。このようにストレスがたまったとき、食べるのが好きな人は、食事で憂さを晴らそうと「ヤケ食い」をすることがある。

もちろん、ヤケ食いはしないほうがいい。しかし、絶対にダメだというわけではない。精神的なつらさを抱えながら、食事でも強いストレスを感じていたら、ダイエットに耐えられなくなってしまう。ストレスを感じたときは、息抜きが必要なのだ。

怒りや焦り、不安といった負の感情に強くとらわれていると思ったら、その日は制限を取っ払って、好きなものを食べよう。「幸せホルモン」とも呼ばれる神経伝達物質、セロトニンが分泌されて気分がスッキリする。ダイエットを長く続けられる人は、ときにヤケ食いを交えて、ストレスを上手に解消しているものだ。

ダイエットを1週間頑張ったら、ごほうびで好きなものを食べる

おやつを我慢し、ごはんは少なめにして、おかずは揚げ物などのカロリーの高いものは避ける。こうして食事制限を続けていると、だんだんストレスがたまってくるのは避けられない。

たまったストレスが爆発し、心が折れたらダイエットは挫折してしまう。そういったことのないように、ダイエットを続けられる人はうまく息抜きをしている。ときどき、自分に「ごほうび」を与えるのだ。

ダイエットを1週間頑張ったら、人気のレストランでランチを味わう。体重が2kg減ったら、好物のスイーツを食べられる。こうしたごほうびを決めておくと、モチベーションを維持しやすいものだ。これはダイエット以外でも有効な方法。さまざまなことの習慣づけに、自分が喜ぶごほうびを設定してみよう。

甘いものを食べなかった日は、カレンダーの日にちに○をつける

ダイエットを続けるには、毎日体重を測定し、数値を折れ線グラフにして可視化するのが効果的。これに加えて、カレンダーを利用して、頑張った日をひと目でチェックできるようにするのもおすすめだ。

たとえばスイーツを食べなかった日、カレンダーの該当する日に、マジックで丸印や花丸印を書くようにする。ごはんを大盛りにしなかった日、夕食を午後9時になる前に食べた日、揚げ物などの脂っこい料理を食べなかった日など、自分に合った条件を考えるといいだろう。

カレンダーに丸印が増えていくと、何となくそれだけでうれしくなり、やる気が湧いてくる。丸印が10個続いたら、自分に何かごほうびをあげる、といったルールを決めておくと、一層の励みになりそうだ。

「やせればモテる!」と書いた紙を冷蔵庫の扉に貼っておく

ダイエットに挫折しないで、長く続けられる人は、冷蔵庫にひと工夫している場合がある。カロリーの少ないものを常備している、といった類いのことではない。冷蔵庫の扉に貼り紙をしておくのだ。

たとえば、「甘いものは食べない!」と大きく書いた紙を貼っておく。

あるいは、自分が理想とする体型のモデルや俳優の写真を貼っておくのも、ダイエットに効果的だ。

自分に対して呼びかける文言も効果が高い。「カオル、今年は絶対に去年着られなかった水着を着るよ!」「タカシ、やせればモテるぞ!」という感じだ。

なりたい自分をイメージすると、不思議と食べる気が消えていく。有効な方法なので試してみよう。

やせていたころの自分の写真を家のなかのさまざまな場所に貼っておく

何かを習慣づけようとする場合、行動すべきことを繰り返し思い出すのがコツ。そこで、運動の場合は「朝晩、スクワット30回ずつ！」、勉強なら「1日5問は解く！」などと書いた紙を目につく場所に貼っておくといい。

ダイエットを続けたいのなら、文言で表現するほか、やせていたころの自分の写真を見るのも効果がある。たとえば洗面所に貼っておくと、歯磨きをするたびに、「こんなにスマートだったときもある。よし、頑張ろう」という気になるのではないか。

昔の自分を見てもやる気なんか湧かない、といった人の場合、理想とする体型の有名人の写真を使うといいだろう。

寝室のドアやトイレ、玄関、冷蔵庫の扉などさまざまなところに貼っておき、1日のうちに何度も目にするようにしておこう。

食器はひとまわり小さなものに。満足感があるのでダイエットが楽に続く

ダイエットが続かない理由のひとつは、食べる量が減ることにストレスを感じるからだ。たった、これだけか……と我慢するのに耐えられなくなり、とうとう気持ちが切れて、満足するまで食べるようになる。

そこで、ダイエットを続けられる人は、ストレスをなくすためにひと工夫。家では少し小さめな茶碗でごはんを食べている。

小さな茶碗を使うと、ごはんをやや少なく盛っても、何となく大盛りに見えるものだ。これで脳はあっさり錯覚し、しっかり食べた気になる可能性が高い。

じつは、満腹感は実際に食べた量とはあまり関係がなく、皿が空っぽになったときに脳が感じるものなのだ。ストレスなくごはんの量を減らせる裏ワザとして、覚えておいて損はない。

ダイエットを無理なく続けられる人は、ケーキ屋の前を通らないで通勤する

ダイエットの秘訣は、食べなくてもいいものを食べないこと。簡単な理屈だが、続かない人が多いのは誘惑に負けてしまうからだ。

ケーキ屋の前を通ったので、ついショートケーキを買った。お茶がほしくてコンビニに立ち寄ったら、ついスイーツに手が出た。こういった具合だ。では、誘惑から逃れるにはどうしたらいいのか。答えは簡単で、ダイエットを続けられる人なら、日ごろから実行している。太るきっかけとなる場所には、極力、近寄らないことだ。

たとえば、通勤ルートにケーキ屋があるのならルートを変える。お茶はコンビニではなく自動販売機で買う。ケーキがおいしいカフェには入らない。甘いものが好きな友人とのつき合いは控える。こうして太るきっかけを減らすことが、ダイエットを無理なく続けるためのコツのひとつだ。

9章

続けられる人の「運動」の習慣、ぜんぶ集めました。

多くの人がすぐに
挫折しやすいのが運動。
ウォーキングやジョギング、
筋トレを「続けられる人」の
やり方を真似しよう。

ウォーキングが長く続けられる人は、コースをときどき変えて新しい刺激を受ける

誰にでも手軽にできる運動がウォーキング。健康にいいし、簡単だから続けられそうだと、気軽にはじめる人は多い。

ハードな運動ではなく、何か難しいテクニックが必要なわけでもない。ただ、ちょっと早足で歩くだけ。習慣化するのは難しくなさそうだが、相当の割合の人が1か月もたたないうちにやめてしまう。

運動習慣のない人が、いきなりマラソン大会を目指すような速いペースのランニングや、ハードな筋トレに挑戦して挫折するのは、ある意味当然かもしれない。しかし、きつくない運動であるウォーキングが続かないのはどうしてなのか。

その答えは、飽きてしまうから。何でもはじめたばかりのころは楽しいが、慣れるにしたがってマンネリ化し、だんだん飽きてくる。その傾向は、ウォーキングのよう

な単純なものほど強い。

ランニングならタイムが縮まることに、筋トレならより重たい負荷に耐えられることに達成感を覚え、「またやろう」と前向きに思える場合もある。ところが、ウォーキングはスピードもパワーもとくに必要なく、簡単な動作の繰り返し。このため、しだいにつまらなさを感じるようになってしまう。

とはいえ、ウォーキングを長く続けている人はたくさんいる。マンネリにならず、いつも楽しく歩いている人は、定期的にコースを変えていることが多い。このコースもちょっと飽きてきたなと思ったら、1本ずれている道など、別のコースを歩くようにしているのだ。

あるいは、同じコースを逆のルートで歩く。またはその日の気分によって、歩いたことのない脇道にどんどん入ってみる。こうして飽きないように、新たな刺激を感じるように工夫しているものだ。

適度に変化をつけて、いつも新鮮な気持ちで取り組めるようにする。これがウォーキングに限らず、何かを続けるためのポイントだ。

早朝ウォーキングを習慣づける人は、枕もとにトレーニングウェアを置いて寝る

運動不足は健康に悪いからと、まずはウォーキングをはじめようと思う。昼間は忙しい現役世代の場合、早朝か夕方以降のふたつの時間帯のいずれかに歩くことになるだろう。

仕事で疲れたあとに歩くのはつらいと思うのなら、選ぶのは早朝ウォーキング。しかし、朝起きてすぐに行動できるだろうか……と不安を覚えるかもしれない。

そのような人は、早朝ウォーキングを習慣にしている人の工夫に学んでみよう。枕もとにトレーニングウェアを用意してから寝るようにするのだ。なかには、パジャマ代わりにウェアを着て寝床に入るという人もいる。

こうしておけば、目覚めてすぐに「よし、歩かなければ」という気分が湧いてくる。支度する時間の短縮もできるので、忙しい朝にぴったりのアイデアだ。

ウォーキングをはじめる場合、3〜4週間続けてみると習慣になりやすい

何かをはじめても長続きしないことを「三日坊主」という。ただし実際には続けられる人、続けられない人の分岐点は、「三日」よりもずっと先にある。

英国ロンドン大学が96人の学生を対象に行った研究を紹介しよう。物事を習慣化するのに必要な時間について、さまざまな行動で試して答えを出したものだ。その結果、ごく簡単なものなら18日程度、難易度の高いものなら最大254日続けると習慣になるという結論になった。

この研究から考えると、ウォーキングのような負荷がそれほど高くない運動なら、3〜4週間も頑張れば習慣化しやすいのではないか。はじめは面倒くさく感じても、ちょっと我慢すれば乗り切れそうだ。飽きっぽい人の場合、ときどきコースを変えるなどの工夫もしてみよう。

ジョギングのあとはビール!ごほうびを用意してモチベーションアップ

ジョギングはウォーキングよりも負荷の高い運動で、20分から30分も続けているとたっぷり汗をかく。走り終えたあと、乾いたのどをビールで潤すのは、アルコール好きにとってたまらない瞬間かもしれない。

「走ったらビールを飲める」というのは、モチベーションを高めるための有効な策となる。もう一歩進めて、「ビールを飲みたいなら走る」というルールを決めておけば、やる気が一層増しそうだ。

ただし、ダイエットの意味も含めて走るのなら、運動によるカロリー消費がムダになるのでやめておこう。健康効果を重要視する場合は、ノンアルコールビールにしたほうがいいだろう。また、筋トレ後にアルコールを摂取すると、筋肉の合成率が約3割も落ちるという研究がある。ジムで汗を流したあとのビールはおすすめしない。

走るのがマンネリ化してきたら、高いシューズを買って気合を入れる

ウォーキングやジョギングを習慣づけても、しだいにマンネリを感じるようになることがある。

ときどきコースを変える、景色を意識して楽しむ、運動しながらイヤホンで好きな音楽を聴く、といった工夫をしてもやる気がもうひとつ出ない。

こうした場合、何かを長く続けられる人は、自分に対して投資する。ブランドものの高いシューズや流行のカッコいいウェア、高級品のイヤホンなどを買って、「こんな贅沢な買い物をしたのだから、明日からも頑張ろう！」と気合を入れるのだ。効果の高い方法なので、マンネリ化してきた時期に試してみよう。

この方法は、ほかの運動や勉強などでも応用できる。ゴルフなら高価なドライバー、英会話なら教材セットを買うことからはじめても良さそうだ。

とりあえずいろいろな運動を試して、楽しいと感じたものを続ける

テニスがうまくなりたい、サッカーの試合に出たい。こういった明確な目的はなく、健康のために何か運動をはじめようかなといった場合、その習慣が長続きする人は、最初から種目を決め打ちしない。

たとえば、朝早く起きて家の近所を走る。ジムに体験入会してはじめての筋トレをする。休日に市民プールに行って泳ぐ。このようにいろいろなことを試して、自分が楽しめるかどうか、続けられるかどうかを問いかけてみるのだ。

「楽しむ」のは、何かを続けるための重要なポイント。楽しめなかったら、続けること自体が苦痛になるのは避けられない。

とりあえず、自分が興味を持てそうな運動種目からはじめてみよう。本当に楽しいと思えるものを見つけたら、続けられる可能性がぐっと高くなる。

運動習慣が身についている人は、笑顔を浮かべながら楽しく取り組む

楽しいと感じなければ、何かを長く続けることは難しい。運動の場合も同じで、走るのがつらければ続くわけがないし、イヤだイヤだと思いながら筋トレをはじめても三日坊主で終わってしまう。

では、健康のために運動をしたいけれども、体を動かすのはそれほど好きではない人はどうしたらいいのか。

そういった人には「楽しいから笑うのではなく、笑うから楽しいのだ」という言葉を送りたい。「悲しいから泣くのではなく、泣くから悲しいのだ」という心理学の有名な言葉をもじったものだ。

笑みを浮かべながら、早歩きのウォーキングをする。マシントレーニングのインターバル（休憩時間）に、口角をキュッと上げる。

こうしてみるだけで、不思議に何だか楽しくなってくる。とくに楽しいと思っていないときでも、笑ったときのような顔をすると、脳は何か良いことがあったとかん違いして、気持ちが上向く神経伝達物質を分泌し、楽しくなっていくのだ。

脳をだますわけだが、楽しい気分になるのに変わりはない。こうした脳の働きは、さまざまな研究によって確かめられている。

独マンハイム大学では、歯でペンをくわえて笑顔のような表情を浮かべたグループと、しかめっ面をしたグループに同じ漫画を読んでもらった。その結果、笑った顔のグループのほうが、漫画をより面白いと感じたことがわかった。

笑いながら運動をすると、楽しくなるだけではない。オランダのアムステルダム大学の研究によると、笑いながら自転車をこぐと、しかめっ面で行った場合よりも楽しさを感じたのに加えて、疲れを感じにくかったという結果になった。

これらの研究は、たとえ作り笑いであっても、その効果はとても大きいことを示している。運動するときには笑顔を忘れないようにしよう。それが長く続けるためのコツのひとつだ。

運動が続く人は、本当はきついと思っても、「ああ、楽しい」と言いながら体を動かす

言葉には不思議な力があり、口にした通りの結果になるという「言霊《ことだま》」。運動を続けられる人は、その力を借りるかのように振る舞うときがある。

息を弾ませて走りながら、「ああ、楽しい」と言う。あるいは、腕立て伏せを限界まで行ったあと、「すごく気分がいいなあ」と口にする。こうすると、まさに言霊の霊力の仕業なのか、本当に運動が楽しいように思えてくるのだ。

その逆に、ランニングや筋トレをして疲れたとき、「うわあ、苦しい」「もうイヤだ」「やりたくない」などと言ったら、疲れや苦しさが一層強くなって、もう運動をやめたくなってしまうかもしれない。

繰り返しになるが、習慣化するには楽しさがいちばんの原動力となる。本当はきつくても、ネガティブな言葉は口にしないようにしよう。

意外なほど健康効果の高い運動が、ウォーキング代わりの「イヌの散歩」

健康のためにウォーキングをはじめたが、ほどなく挫折してしまった。このような飽きっぽくて意志の弱い人は、イヌの散歩を習慣にするといい。

イヌを飼えば、否応なく毎日の散歩につき合うことになる。じつは、イヌの散歩の健康効果はかなり高い。運動強度を4段階で表す「メッツ」という単位では、上から2番目の「中程度身体活動」に分類されており、同じグループにはウォーキングも含まれている。

「散歩」にはゆっくり歩きのイメージがあるが、「イヌの散歩」は大違い。気まぐれなイヌの行動に合わせて、急に小走りになったり、立ち止まったり、しゃがんだりしなければいけない。加えて、イヌとのふれ合いのなかで、「愛情ホルモン」オキシトシンが分泌されて心身が癒される。住宅環境が許す場合、強くおすすめできる方法だ。

「フルマラソンに出場するぞ！」高い目標を設定すると燃える人もいる

帰宅後、夕食前に軽くジョギングをはじめた。やってみると、何だかもうひとつやる気が出ない。結局、1か月もしないうちに走るのをやめてしまった……。

こうした人は、はっきりした目標がないと、なかなか意欲が湧かないタイプなのだろう。このため、ただ「毎日走る」ということだけを目的にしていると、すぐにやる気がなくなってしまう。

自分がこのタイプだと自覚している人は、何かをはじめるときには、少々高めの目標を立ててもいい。毎日、走るのを習慣にする場合、「1年後にはフルマラソンに出場する」。こうすれば、やる気スイッチが力強く押される。

ただ、このようなタイプの人は最初からスパートをかけて、息切れしてしまうこともある。目標は高く持ちつつ、そこに向かって一歩ずつ進んでいくようにしよう。

風呂に入りながらストレッチ。「ながら習慣」なら気楽に続けられる

運動をしたいけれど、仕事が忙しくてなかなか時間が取れない。こういった人は少なくないだろうが、時間がなくても体は動かせる。暮らしのなかに「ながら運動」を取り入れるのだ。

今晩からでもできるのは、入浴しながらのストレッチ。お湯につかると筋肉がほぐれ、関節の可動域が広がるので、ストレッチの効果はより高くなる。浮力によって体重の負荷がぐっと少なくなり、体の負担を減らせるのもメリットだ。時間を有効に使える一石二鳥、三鳥の方法で、毎日、無理なく続けることができる。

手軽にできる「ながら運動」は、ほかにもいろいろ考えられる。通勤途中や買い物に行くときには早歩きでウォーキング、駅やバス停ではかかとを上げて一気に落とす「かかと落とし」などを習慣づけてはどうだろう。

「今日は腕立て伏せが○回できた」と、ノートに書いて励みにする

ジムに行くと、まわりは筋トレに励んでいる人ばかりなので、「さあ、鍛えるか」という気になりやすい。一方、自宅でコツコツと筋トレをする場合、気力が湧きにくくて、ついサボってしまいがちになる。

とはいえ、ジムに入会しなくても、自宅で筋トレを地道に続けられる人はいる。そうした人は、こまめに記録をつけていることが多い。

「筋肉は裏切らない」という言葉が流行したように、筋トレは結果が出やすい運動だ。最初は腕立て伏せが10回しかできなくても、真面目に取り組んでいれば、1か月後には15回程度できるようになるかもしれない。

毎日、そうした経緯を数字で記録しておけば、大きな励みになって、続けようとするモチベーションが湧いてくるものだ。

入浴前に脱衣所でスクワット。続けられる人は「いつ」「どこで」を決める

運動を習慣づけるのが上手な人は、いつ実行するのかを決めている。たとえば、朝のうちにストレッチをする。ランチのあとに昼休みが終わるまで歩く。帰宅したら筋トレをする、といったような具合だ。

こうして「いつ」やるかを決めていると、運動を続けやすいものだ。ただ、事前に決めておいても、怠けたくなる人がいるかもしれない。

そういった場合、さらに一歩進んだルールを課している人にならってみよう。「いつ」に加えて、「どこで」も決めておくのだ。

たとえばストレッチを習慣づけたいのなら、風呂に入る前に脱衣所で行う。あるいは、温かい湯船につかりながら行う、といった自分ルールを設定し、必ず行うようにするわけだ。

「いつ」やるかだけのルールなら、うっかり忘れてしまうこともあるだろう。しかし、「いつ」「どこで」とたたみかけるような仕組みをつくっておけば、脳に一層しっかり刻まれて忘れにくいものだ。例をいくつかあげてみよう。

◎運動…朝起きて顔を洗ったら、洗面所でスクワットをする／電車通勤中、吊り革をギュッと引っ張って、腕と肩、背中の筋トレをする／仕事中、トイレに行ったときに軽くストレッチをする

◎読書…通勤中、30分乗車する電車のなかで読む／ランチのあと、職場の休憩室で読む／夕食後、リビングのソファーに座って読む

◎勉強…電車通勤中、座席に座れたら教本を開くと決めておく／風呂上がりの30分、リビングで勉強する

習慣に取り入れやすい時間は、「朝起きてすぐ」「通勤中」「歩いているとき」「帰宅してすぐ」「入浴中」「夕食のあと」「寝床に入る直前」など。これらの時間に適したことを、やりやすい場所で行うようにすれば、無理なく続けられそうだ。自分なりの「いつ」「どこで」を考えてみよう。

シックスパックの腹筋に！「ワクワク」する未来に向けて頑張る

何かをはじめようとするとき、絶対に避けたいのが「しなければいけない」と思うことだ。これでは、好きでもないのにやらされる、といったマイナス方向の考えが生まれてしまう。せっかくはじめても、ほどなくイヤになって挫折する可能性が高い。

無理なく長く続けるには、「しなければ」という義務感ではなく、ワクワクしたイメージを持つことが大切だ。

筋トレなら、「太りやすくなったから、基礎代謝を高めるために筋肉をつけなければいけない」などという考えではじめたら、ほどなく失敗しそうだ。そうではなく、「半年後にはシックスパックの腹筋にしてやる！」といった目標を立てるのだ。

ワクワク感を大事にして、どうすれば楽しく取り組めるかを考えるのが、長く続けて目標に達するためのコツだ。

筋トレは週4回以上行うと、不思議と無理なく続けられる

ウォーキングや軽いジョギング、スクワットやストレッチなどは、毎日行ってもそれほど体に負担はない。しかし、マシンを使った筋トレをはじめようとした場合、週に何回ジム通いをすればいいのか迷ってしまいそうだ。

カナダのビクトリア大学の研究によると、しっかり続けたいのなら週4回以上が正解。ジム通いをはじめたばかりの男女111人を対象に調査した結果、週3回以下の人と比べて、週4回以上通っていると習慣になる確率がぐっと高まったからだ。

マシントレーニングを週4回以上とは、ちょっとハードルが高いと思うかもしれない。そういった場合、1回で行う筋トレの回数を減らすのがいいだろう。月曜は腕、水曜は胸、金曜は体幹、日曜は足腰といった具合に、体の部位を変えて行う方法もある。習慣づけられるまでは、とにかく週4回をキープしよう。

筋トレに挫折しない人は、サボったときには「体を休ませた」と考える

週3回はジムに通う、あるいは毎日、自宅で腕立て伏せとスクワットをする。こう決めておいても、仕事が忙しかったり、寝不足だったり、体に疲れがたまっていたりした場合、ついサボってしまうこともあるだろう。

このようなとき、「ああ、怠けてしまった」と自分の弱さを嘆くのはやめておこう。モチベーションが下がって、挫折してしまう原因になりかねない。

運動を続けられる人は、お休みした日のことを「サボった」ではなく、「体を休ませた」と考える。心身ともに疲れていたから小休止。これで明日には体調が良くなるからまた頑張ろうと、前向きにとらえるのだ。

ときにはマイナスの日があっても、長い目で見れば右肩上がりのプラスになっていく。とにかく、ポジティブな気持ちで取り組もう。

筋トレを長く続けられる人は、サボった次の日に「よく立ち直った」と自分をほめる

つい運動をサボってしまったとき、「ああ、だめだ」「もういいか」「どうにでもなれ」と気分がマイナス方向にエスカレート。いわば逆ギレをするように、せっかく習慣になりかけたことをやめてしまう人がいる。

こうした残念な結末を迎えないためには、いったん精神的にへこんだ状態から立ち直らなくてはいけない。

上手に自分の気持ちを駆り立て、挫折しないで続けられる人は、サボった日の翌日が大事だと考える。失敗したことでヤケにならず、次の日に運動を行えたら、「よくぞ立ち直った！」と自分をほめてあげるのだ。

こう考えると、「サボった」というマイナスの気分が吹き飛んで、またやる気が出てくるものだ。

「ジム通いをはじめました」と、まわりに話して後戻りできなくする

ぷっくり出たおなかをへこませて、マッチョなカッコいい体に、あるいは引き締まった美しい体に絶対なりたい！

このように決意し、本気で取り組もうとする人は、ひとりでこっそりジムに通ったりしない。「ジムに入会しました」「筋トレに励みます」「半年後にはスゴイ体になっています」などと、まわりに堂々と宣言する。

家族や友人、職場の同僚などに宣言すると、もう後には引けない。あとはやるだけ、前に進むだけだ。このようにしてはじめると、やめるのが恥ずかしいので、意地になって続けられるものだ。

まわりに直接話すほか、ＳＮＳでオープンにしてもいいだろう。自分に合った方法で、退路を断ってみよう。

10章

「続けられない人」の習慣、
ぜんぶ集めました。

ハードルをぐっと上げて開始。
「大変だ」「だって」が口ぐせ。
何かをはじめても
長続きしないのには、
確かな理由があった！

「大変だ」が口ぐせの人は、いろいろなことを難しく感じて挫折する

何かに取り組んでいて、少し厄介なことが発生したら、「ああ大変だ」とすぐに口にする人がいる。しかし、本当にそれほど大変なのだろうか。ちょっと面倒だと思っただけではないのか。

「大変だ」が口ぐせになると、頑張れば簡単に乗り越えられることでも、難しく感じてしまうようになる。

何かを習慣化するときも同じ。英会話の勉強をはじめて、文法がちょっとわからなくなったら「大変だ」。ダイエット中、ほんの少し体重が増えたら「大変だ」。毎日、ジョギングをしていたのに、２日続けて雨が降ってできなかったら「大変だ」。

小さなトラブルを大きくとらえて、それがストレスになり、やる気がなくなっていく。こうした負の連鎖は、「大変だ」を禁句にするとなくすことができる。

「でも…」「だって…」「どうせ…」言い訳が多い人は何事も続かない

ダイエットしているのに、甘いスイーツを我慢できずに食べてしまって、「でも、昨日までは頑張ってたから」「だって、少しなら大丈夫でしょう」「どうせ、また失敗するんだよね……」などと思う。このような考え方をするようでは、何事も続けるのは難しそうだ。

失敗を認めようとしないで、いったんは「でも」と開き直る。次に、とりあえず失敗を認めても、「だって」と言い訳をする。そして最後は、「どうせ」と投げやりな気持ちになってしまう。

「でも」「だって」「どうせ」は、習慣化するのが下手な人がよく使う言葉。口にするたびにネガティブな気持ちが強くなって、なんでこんなことを続けなければいけないのか、と思うようになる。この3フレーズは使わないほうが賢明だ。

甘いものは禁止、揚げ物も一切ダメ！
ハードルの高いダイエットは無謀

1年で体重を10kg落とすことを目標に、ダイエットに取り組んだ。スイーツや和菓子といった甘いものは大敵で、揚げ物などのカロリーの高いものもNG。お酒の席も太るもとだから、飲み会には一切参加しない。

このように厳しく律していると、体重は順調に落ちていく。しかし、ニコニコしていられるのはここまでだ。

厳しい食事制限から、しだいにイライラが募るようになって、ついには大爆発。好きなものを好きなだけ食べて、あっという間にリバウンドしてしまう。ダイエットが続かなくなる典型的な例だ。

食事制限をはじめると、好きなように食べられなくなり、ストレスがたまっていく。ストレスとのつき合い方が上手な人なら、自分の気持ちをコントロールしながらダイエットを進めていける。けれども、ストレスをうまくかわせない人は、やがて気持ちが切れてしまう。

ストレスがたまり過ぎて、ダイエットに失敗する場合、食事制限の仕方が間違っていることが多い。米国スタンフォード大学の研究によると、食べたいものを禁止すると、欲しい気持ちが1・5倍高まるという。

スイーツは糖質爆弾のようなものだからダメ、揚げ物は油を吸い過ぎているからダメ。これらは理屈ではわかっても、気持ちがついていかない。

「食べてはいけない」というストイックな思いがストレスをため、それにともなって、「でも食べたい」という欲求がより大きく膨らんでいく。そして、とうとう「食べたい気持ち」が「やせたい気持ち」に勝って、実行に移してしまうのだ。

こうした失敗をしないためには、食事制限を厳しくし過ぎないことが肝心だ。太りやすい食品を一切食べないのではなく、スイーツは週1回、チョコレートは1日1かけら、といったゆるいルールを決めると、ストレスはそれほどたまらない。挫折すれば、失敗体験として脳に強く刻まれる。何よりも続けることを最優先しよう。

読書の習慣をつけようと、頑張って1行1行をしっかり読むとイヤになる

読書の習慣はなかったけれど、これからは1か月に1冊くらいは読むことにした。よし頑張ろうと、ページを開いて1行1行をしっかり読む。

正しい読書方法のように思えるかもしれないが、本を読み慣れていない人の場合はNGだ。最初からすべて頭に入れながら読むようにすると、時間がかかり過ぎてしまう。1章読むだけで、こんなにも時間がかかった。あるいは、1時間読んでもたったこれだけしか進まない。こう思って落胆し、読む気力が失われていく。

読書に慣れるまでは、すべての内容を理解できなくてもかまわない。ある程度、流し読みをするのが正解だ。はじめは意味がぼんやりしていても、読み進めるうちに、よくわかってくることもある。

とにかく、読書をしはじめた時点では、嫌気がささないように習慣化していこう。

複数のことを同時進行ではじめると、どれもこれも長続きしない！

今月からダイエットをはじめよう。英会話の勉強もしたい。ジョギングと筋トレも習慣にしよう。こうして欲張りな進め方をする人は、どれも成功させることはできないだろう。

香港科技大学の興味深い研究を紹介しよう。あるグループにはひとつだけの目標に、別のグループには6つの目標に向けて取り組んでもらった。その結果、ひとつだけにしぼったグループは目標を達成できた。これに対して、6つに取り組んだグループは、どれも中途半端になって達成できなかった。

いくつものことを同時進行させると、効率良く成功させられそうだが、実際にはそううまくはいかない。下手な鉄砲は数多く打っても当たらないのだ。ひとつのことに集中し、じっくり取り組むのが長く続けるためのコツだ。

サボったときに深く反省し、その後、必要以上に頑張ると息切れする

思わぬ残業が発生し、帰宅が遅くなって時間が取れなかった。人間関係のストレスでモヤモヤし、やる気がどうにも湧かなかった。このように、何かをサボってしまったときには大いに反省し、今回できなかった分を取り戻そうと、次はいつもの2倍頑張ろうとする人がいる。

真面目で前向きな姿勢は素晴らしいが、何かを長く続けようと思うのなら、自分に厳し過ぎるのはやめておこう。目標を高くすると、当然、クリアするのが難しくなる。失敗すると、また自分を責めて反省し、次はさらに高い目標を立てることになる。一層クリアするのが難しくなるのだから、その目標にも到達できないだろう。

少々サボっても、うまくいかなくても、自分を責めず反省もしないほうがいい。もっと気楽に取り組むほうが、結局は長続きするものだ。

「続けられる人」のやり方なんか真似したくない。そんな人は、自己流で突き進んで挫折する

職場の同僚が、自分よりも先に資格を取得した。こうした場合、「よく頑張ったな」と素直に賞賛し、「どのように勉強したのかな。参考にしたい」と思う人は、そう遠くないうちに同じ資格試験に合格しそうだ。

これに対して、「何だか腹が立つ」「あいつの真似なんかするのはイヤだ」などとマイナスの感情が湧く人は、なかなかステップアップできないだろう。

成功するためには、人のすぐれたやり方をきちんと評価し、学んで真似ることが欠かせない。同僚が一歩先に進めたのは、勉強のやり方が自分よりも適切だったから。意地にならないで、勉強方法を真似るようにしたいものだ。

自己流で突き進んでいけば、どこかで行き詰まってしまう。頭も心もやわらかくして、できる人のやり方に学んでみよう。

【主な参考文献】

○『習慣が10割』(吉井雅之/すばる舎)
○『知らないうちにメンタルが強くなっている!』(吉井 雅之/三笠書房)
○『習慣化メソッド見るだけノート』(吉井雅之/宝島社)
○『習慣化ベスト100』(監修・吉井 雅之/宝島社)
○『理想の人生をつくる習慣化大全』(古川 武士/ディスカヴァー・トゥエンティワン)
○『「続ける」習慣』(古川武士/日本実業出版社)
○『書く瞑想』(古川武士/ダイヤモンド社)
○『「続ける」技術』(石田 淳/フォレスト出版)
○『超習慣術』(メンタリストDaiGo/ゴマブックス)
○『「習慣化」できる人だけがうまくいく』(内藤誼人/総合法令出版)
○『本物の続ける力』(井上 裕之/WAVE出版)
○『続ける技術、続けさせる技術』(木場克己/KKベストセラーズ)
○『「続けられる人」だけが人生を変えられる』(大平信孝/青春出版社)
○『THEデブ脳』(工藤 孝文/椎出版社)
○『10万人がやせた今日からできる神やせ習慣』(工藤 孝文/主婦と生活社)

【主な参考ホームページ】

○厚生労働省　e-ヘルスネット…禁煙支援
○東京法経学院…「15分勉強法」の効果とは？　15分周期が勉強効率アップのカギになる！
○日本経済新聞…運動後のビールはうまいが…　筋トレ後は飲酒NGの理由
○一般社団法人 日本呼吸器学会…禁煙のしかた～成功に導く禁煙プランのたてかた～
○公益財団法人 私立大学退職金財団…今日から実践！「早起き」メソッド
○ブルーライト研究会…ブルーライトとは
○みんチャレ ブログ…習慣化の方法（監修／慶応義塾大学大学院システムデザイン・マネジメント研究科教授・前野隆司）
○ワコール…睡眠の法則
○auじぶん銀行…お金のコラム集
○STUDY HACKER…トップ3％の一流も実践。社会人の「1日15分」勉強が周囲に圧倒的な差をつける理由／社会人必見！　勉強が続く人の10の習慣－今日から始める学習習慣化のコツ
○住み人オンライン…片付けに大事な「やらない」3つの習慣
○Money Force…家計簿を続ける5つのコツとは？続かない原因や誰でも続けられる具体的な方法を紹介

人生の活動源として

いま要求される新しい気運は、最も現実的な生々しい時代に吐息する大衆の活力と活動源である。

文明はすべてを合理化し、自主的精神はますます衰退に瀕し、自由は奪われようとしている今日、プレイブックスに課せられた役割と必要は広く新鮮な願いとなろう。

いわゆる知識人にもとめる書物は数多く窺うまでもない。

本刊行は、在来の観念類型を打破し、謂わば現代生活の機能に即する潤滑油として、逞しい生命を吹込もうとするものである。

われわれの現状は、埃りと騒音に紛れ、雑踏に苛まれ、あくせく追われる仕事に、日々の不安は健全な精神生活を妨げる圧迫感となり、まさに現実はストレス症状を呈している。

プレイブックスは、それらすべてのうっ積を吹きとばし、自由闊達な活動力を培養し、勇気と自信を生みだす最も楽しいシリーズたらんことを、われわれは鋭意貫かんとするものである。

—創始者のことば— 小澤和一

監修者紹介

吉井雅之〈よしい　まさし〉

有限会社シンプルタスク代表取締役。No.1習慣形成コンサルタント。ＪＡＤＡ協会ＳＢＴ1級コーチ。多業種にわたる企業の顧問として増収増益のお手伝いをする傍ら、習慣形成を軸に人材育成トレーニングや講演、セミナー、オンライン講座も開講中。また、学校講演・保護者向け講演も積極的に行っている。著書に『習慣が10割』（すばる舎）、『人生の習慣を整える』（サンマーク出版）などがある。

「続《つづ》けられる人《ひと》」の習慣《しゅうかん》、
ぜんぶ集《あつ》めました。

青春新書 PLAYBOOKS

2025年１月25日　第１刷

監修者　吉《よし》井《い》雅《まさ》之《し》

編　者　ホームライフ取材班《しゅざいはん》

発行者　小澤源太郎

責任編集　株式会社プライム涌光

電話　編集部　03(3203)2850

発行所　東京都新宿区若松町12番1号　〒162-0056　株式会社青春出版社

電話　営業部　03(3207)1916　振替番号　00190-7-98602

印刷・三松堂　製本・フォーネット社

ISBN978-4-413-21221-2